Es una realización de

**Departamento de Proyectos Especiales
de Cultural Librera Americana S.A.**

Dirección creativa
Carlos Alberto Cuevas

Coordinación de obras y marketing
Ana María Pereira

Departamento de arte
Dirección:
Armando Andrés Rodríguez

Asistente:
Isabel López

Diagramación y diseño
Mariana Paula Duarte
Jaqueline Solange Espinola
Bárbara Montano

Edición y supervisión de esta obra
Daniela Analía Peralta - Federico Docampo

Investigación
Pilar Ferreyra

Ilustraciones
Paulo Soverón

Todos los derechos reservados
© CULTURAL LIBRERA AMERICANA S.A. MMV
  Buenos Aires - Rep. Argentina

Presente edición:
© **LATINBOOKS INTERNATIONAL S.A.**
  Montevideo - Rep. O. del Uruguay
  Impreso en Pressur Corporation S.A.
  República Oriental del Uruguay

  ISBN: 9974-7946-2-5
  Edición 2006

Guía práctica de Reflexología : Curar el cuerpo con masajes en pies y manos /
investigación de Pilar Ferreyra. -- Montevideo, Rep. Oriental
del Uruguay : © Latinbooks International S.A., 2006.
88 p. : il. ; 18 x 25.5 cm.

ISBN 9974-7946-2-5

1. TERAPIAS ALTERNATIVAS. 2. REFLEXOLOGÍA. 3. FUNDAMENTOS
DE LA REFLEXOLOGÍA. 4. TRATAMIENTOS DE REFLEXOLOGÍA.
5. CONSEJOS ÚTILES PARA EMPRENDER UNA SESIÓN DE REFLEXOLOGÍA.
I. Ferreyra, Pilar, invest.
CDD 615

GUÍA PRÁCTICA DE

REFLEXOLOGÍA

CURAR EL CUERPO
CON MASAJES EN PIES Y MANOS

Técnicas de presión sobre
las zonas reflejas del organismo

CONCEPTO®

PRESENTACIÓN

Históricamente cada cultura ha generado su propio bagaje de métodos y prácticas curativas; ha investigado en su entorno más inmediato empleando elementos tan simples como plantas, masajes o ejercicios. Las Terapias Alternativas hunden sus raíces y fundamentos teóricos dentro de estos conocimientos milenarios. Su ideal de salud se relaciona estrechamente con el equilibrio entre el cuerpo, el alma y las fuerzas que rigen el universo.

La medicina occidental frecuentemente olvida la fuerte incidencia que las emociones y los sentimientos tienen en el desarrollo de las enfermedades. Como resultado, muchas veces sus métodos se ven desbordados y no alcanzan a cubrir las necesidades que requiere un proceso curativo.

Por su parte, la Organización Mundial de la Salud ha comenzado a promover investigaciones y congresos en torno a las Terapias Alternativas y a sus distintas posibilidades de empleo, como complemento de los convencionales tratamientos alopáticos. De aquí se desprende una aclaración pertinente: las Terapias Alternativas, en rigor, son aquellas que se emplean en reemplazo de la medicina alopática; en tanto, las Terapias Complementarias son utilizadas conjuntamente con la medicina convencional.

El vertiginoso ritmo de vida actual provoca estrés, ansiedad e incertidumbre. Hoy más que nunca la mejor opción para disfrutar de una vida saludable es el retorno a los antiguos conocimientos que permitieron al ser humano hallar un alivio natural a sus dolencias. Las Terapias Alternativas o Complementarias proponen regresar a las fuentes, restableciendo la armonía interior, elemento fundamental para alcanzar equilibrio y bienestar.

ÍNDICE GENERAL DE LA OBRA

¿QUÉ ES LA REFLEXOLOGÍA?

LA ESTIMULACIÓN DE LAS ZONAS REFLEJAS

Actualmente, la medicina occidental se nutre de otro tipo de terapias que complementan y mejoran sus tratamientos. Como parte de este proceso, la Reflexología se ha convertido en una de las principales alternativas para mejorar y ampliar la calidad de vida.

La Reflexología es un tratamiento sencillo que, mediante la estimulación en zonas precisas y específicas de los pies, las manos o las·orejas logra resultados terapéuticos de gran valor. Si se adopta como complemento de cualquier otra terapia (como por ejemplo el Reiki o la homeopatía), su práctica mejora notablemente el estado del paciente.

La Reflexología aborda a la persona teniendo en cuenta su cuerpo, sus emociones y sus convicciones.

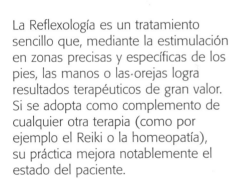

Esta disciplina plantea que dentro de las zonas estimuladas están representados (o reflejados) los distintos órganos y tejidos de nuestro cuerpo. Según los movimientos, contactos y grados de presión que se realicen sobre determinada zona, se puede restablecer el equilibrio interno del organismo.

Gracias a esta estimulación manual, el terapeuta logra destrabar nudos y contracturas formadas debido al mal trato que recibe el cuerpo en las vicisitudes del mundo moderno.

Es importante señalar que la Reflexología aborda a la persona teniendo en cuenta su cuerpo, sus emociones, sentimientos y convicciones. Para el terapeuta, el ser humano es un "todo armónico" y cada sensación, cada sentimiento, cuenta a la hora de elaborar un certero diagnóstico. Dentro de este contexto se forma un vínculo sumamente importante gracias a la estrecha comprensión, por parte del reflexólogo, de la naturaleza humana

La Reflexología es una terapia sencilla que, mediante la estimulación de zonas precisas en el cuerpo, logra resultados de gran valor.

Tanto el Yoga como los masajes terapéuticos eran considerados, en la India antigua, efectivos tratamientos curativos.

describen apuntan a restablecer el equilibrio perdido a través de los masajes con las manos y la presión con la punta de los dedos.

En esa época, debido a la existencia de leyes muy rígidas, estaba vedado a los sabios diseccionar cadáveres, así como también usar punzones y agujas, o producir cualquier derramamiento de sangre. Es quizás por esta razón que se explica el alto grado de desarrollo e importancia otorgada a los masajes.

Cabe destacar que esas prohibiciones acarrearon una serie de falsos conceptos sobre la anatomía del cuerpo humano. En general, la medicina oriental sentó sus bases principalmente en las funciones del organismo antes que en un análisis detenido y particular de cada órgano en sí mismo, entendiendo que el hombre utiliza al medio ambiente como fuente de energía y estimulación mental.

La práctica de la digitopresión es conocida en Oriente desde hace 5000 años, aunque no se sabe a ciencia cierta cómo fue utilizada en los primeros tiempos.

Al igual que el Yoga, también originario de esa cultura, la Reflexología era considerada una verdadera disciplina curativa con la cual se trataba a las personas, si bien aún no poseía su denominación actual.

LA MEDICINA DEL EMPERADOR

En el gran gigante de Oriente, China, el documento más antiguo que se conoce sobre masajes en zonas reflejas es el de *Nei Tching Sou Ven*. Este manuscrito es atribuido al reinado de Huang Ti, el "Emperador Amarillo", que accedió al poder hacia el año 2700 a.C. Las prácticas que allí se

IMPORTANTE...

Los comienzos de la medicina China están estrechamente relacionados con la experimentación con masajes. Los primeros terapeutas intentaban descubrir en sus pacientes las relaciones entre las zonas que estaban afectadas y su estimulación mediante medidas dosis de presión.

La medicina oriental ve al hombre como a un integrante más de la naturaleza, sin considerarlo más importante que otras especies. Esta concepción se apoya en la no fragmentación de las partes, y en muy pocos casos, en el análisis circunscripto de las partes integradas.

Al considerar a los organismos vivientes de esta manera, todo lo que existe en el universo (el aire, la luz, el alimento) estaría relacionado directa o indirectamente con el cosmos (especialmente la energía electromagnética que capta el cuerpo a través de la piel) y las funciones reflejadas (o puntos de presión) que posee cualquier ser vivo.

La mayoría de los conceptos de la medicina oriental tiene sus raíces en el taoísmo. Esta filosofía –que comenzó a desarrollarse en China hace miles de años– postula la existencia de un constante movimiento entre dos polos, el Yin y el Yang, siendo la energía presente entre estos dos extremos

opuestos la fuerza propulsora de todos los fenómenos visibles e invisibles. Este flujo constante se puede observar en todos los seres vivos y se denomina "vibración".

El Yin se puede definir como la tendencia hacia la expansión y el Yang como la tendencia hacia la contracción. En esencia, estas dos fuerzas son complementarias y deben equilibrarse para crear salud y bienestar.

La energía dinámica que hay en todas las cosas, el vehículo por el cual el Yin y el Yang actúan, se denomina *Ki* en Japón, *Chi* en China y *Prana* en la India. Todo ser vivo tiene *Ki*, pero esta

En la aplicación del tratamiento reflexológico se considera al cuerpo humano como un conjunto armónico e interrelacionado con su ambiente.

La medicina oriental, fundamentalmente la que se desarrolló en China, aportó conceptos fundamentales para el desarrollo de la Reflexología.

9

Los tratamientos reflexológicos intensivos recomponen la armonía y la fluidez corporal.

energía y su calidad difieren de un ser vivo a otro. Por ejemplo, dado que la comida nos provee de energía *Ki*, uno de los objetivos de la medicina oriental es regular la ingesta de la comida y la bebida para maximizar el flujo armónico del *Ki* dentro del organismo.

La Reflexología como disciplina es deudora de muchos de estos conceptos, aunque los adaptó a otro campo de ideas. Según esta visión, algunos puntos ubicados estratégicamente en la piel tienen estructura en espiral y determinan los canales o meridianos que transmiten energía por los cuerpos. Si el cuerpo está flojo, relajado y libre de tensiones, la energía circula correctamente alimentando cada uno de los órganos.

A pesar de que el ser humano en búsqueda del equilibrio desarrolló estas teorías y prácticas, todavía no ha podido encontrar una plena armonía con su medio. Los vaivenes de la vida cotidiana hacen muy difícil mantener tal condición. Es desde esta perspectiva que la Reflexología hace su trabajo más preciado: volver a recomponer la armonía y la fluidez de la energía vital.

INVESTIGACIONES EN OCCIDENTE: LA MIRADA HOLÍSTICA

Para explicar y poner en un contexto claro y preciso las nociones, principios y bases que hacen de la Reflexología hoy en día una práctica segura, es imprescindible repasar brevemente algunos de los conceptos principales de la medicina holística.

En principio, "holística" es una palabra que deriva del griego (holos) y significa "todo", "completo". La holística, por lo tanto, es una filosofía y un modo de ver al ser humano en su integridad y globalidad.

Las medicinas tradicionales, en cambio, observan al paciente por partes, determinando una dolencia y tratándola de manera individual, sin reparar en otras partes del cuerpo ni en otros aspectos de la vida de ese paciente, que acaso podrían tener un efecto directo sobre aquella dolencia.

No es el propósito de este libro dilucidar qué tipo de medicina es mejor o peor; sino, por el contrario, tratar de atar cabos entre las distintas formas de curar para aprovechar lo mejor de cada una de ellas.

Muchas de las bases teóricas de la Reflexología intentan mezclar las dimensiones emocionales, sociales, físicas y espirituales de las personas con los aportes científicos de los procesos de curación occidentales.

Por su parte, la medicina holística resalta la importancia de mantener el propio sentido del bienestar y la salud, y traslada esta estrategia a la prevención de la enfermedad.
En cambio, la medicina tradicional da mayor importancia a los factores patológicos (bacterias, virus, agentes medioambientales) en el origen de la enfermedad (etiología). Cada teoría aporta lo suyo.

HIPÓCRATES Y LOS MASAJES

Al examinar con detenimiento la historia de la medicina occidental, se percibe con claridad que la idea holística ya estaba en el germen de esta práctica.
En el siglo V, Hipócrates —considerado el padre de esta medicina— fue un acérrimo defensor del masaje general como terapia curativa.

Afirmaba que las enfermedades tenían tanto causas naturales como divinas y que esas causas se podían discernir por medio del razonamiento lógico. Pensaba, además, que la salud dependía de la armonía interior y del medio ambiente; y que cualquier cosa que ocurriera en la mente afectaría o repercutiría en el cuerpo.

La *Corpus hippocraticum* probablemente es lo único que queda de la biblioteca médica de la famosa Escuela de Medicina de Cos. Sus investigaciones, su objetividad práctica y su capacidad para el análisis ayudaron considerablemente a eliminar la superstición de la medicina de la época.

Entre las obras más importantes de la *Corpus hippocraticum* (que, se cree, constaba de más de sesenta volúmenes) está *El Tratado de los aires, las aguas y los lugares*, del siglo V a.C. Allí se postula que las

Los masajes tuvieron una gran importancia curativa en los tratamientos médicos de la Grecia antigua.

 ENSEÑANZA

Además de Aquiles (el famoso héroe griego de la guerra de Troya, que tenía su punto vulnerable en el talón), la antigua Grecia siempre manifestó una marcada devoción por el cuidado de los pies. Se sabe que había numerosos preparados para tratar sus lesiones, así como también diferentes tipos de calzado para prevenir las torceduras y cuidar su apariencia.

El neurólogo inglés Henry Head realizó en el siglo XIX un mapa de zonas reflejas que utilizaba para atenuar ciertos malestares.

enfermedades se originan en causas ambientales. Además, hace notar que para una población tales factores como el clima, el agua o la ubicación en un lugar donde los vientos sean favorables constituyen elementos que pueden ayudar al médico a evaluar la salud general de sus habitantes.

Varias de sus ideas sobre curación y prevención permanecieron ocultas y relegadas por mucho tiempo.
Sin embargo, parte de estas enseñanzas fueron retomadas por varios investigadores y dieron origen a nuevas disciplinas, entre ellas la Reflexología.

En la antigua Grecia, Hipócrates recomendaba realizar masajes para tratar algunas dolencias.

ANTECEDENTES CERCANOS

A principios del siglo XIX (y fundamentalmente gracias al intercambio de ideas y conceptos que venían de Oriente), algunos investigadores del campo de las ciencias empezaron a desarrollar los fundamentos de este tipo de medicina.

Así fue como en 1834 el sueco Pehr Henrik Ling observó que ciertos dolores derivados de algunos órganos se reflejaban en otras partes del cuerpo, aparentemente no relacionadas entre sí.

Años después, un neurólogo inglés llamado Henry Head comprobó la existencia de zonas reflejas en el cuerpo, que en algunos casos se podían emplear para anestesiar determinados sectores corporales, con el propósito de aliviar el dolor en las intervenciones quirúrgicas menores (como, por ejemplo, una extracción de muelas). Ya en 1893, y luego de numerosas pruebas, el doctor Head planteó ante sus colegas que ciertos puntos ubicados en el pie, lejos del órgano afectado, al ser masajeados, causaban alivio inmediato. Él las llamó, "las zonas de Head".

A principios del siglo XX, en Estados Unidos, el doctor en otorrinolaringología William Fitzgerald publicó un libro titulado **Zone Therapy** (Terapia zonal) que tuvo amplia repercusión. El tratado planteaba dividir el cuerpo humano en diez zonas longitudinales imaginarias que recorrían casi toda su superficie, desde la cabeza hasta los pies.

Dentro de este planteo, la relación entre los pies, los órganos y glándulas del cuerpo se graficaba en la intersección y la combinación de los distintos puntos de esa serie de líneas longitudinales y verticales. Cada una de ellas abarcaba una zona determinada y cada órgano tenía su correspondiente zona refleja.

De acuerdo con ese diagrama, el pie derecho representaba la mitad derecha del cuerpo y el pie izquierdo, la mitad izquierda. De una manera similar se distribuía el mapa de las manos.

I IMPORTANTE...

Entre fines del siglo XIX y comienzos del XX, el doctor Fitzgerald diagramó el primer mapa corporal de zonas reflejas. Para su estimulación propuso diversas técnicas que utilizaban elementos de la vida cotidiana como broches o bandas elásticas. El empleo de masajes fue desarrollado posteriormente, en la década del 30.

El doctor Fitzgerald fue el primero en ubicar los puntos de estimulación refleja en los pies.

Mapas de las zonas reflejas desarrolladas por el doctor William Fitzgerald

Terapia zonal

Fitzgerald dividió el cuerpo humano en 10 zonas longitudinales (cada una se correspondía con un dedo de los pies). A su vez, distinguía al cuerpo en cuatro zonas transversales. De modo que si se quería ubicar un punto exacto en el organismo, se debía examinar el plano del pie según estas coordenadas.

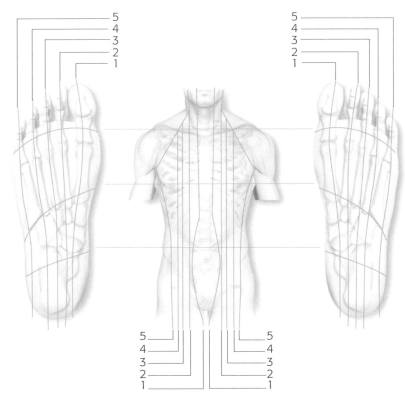

EL MÉTODO DE EUNICE INGHAM

Eunice Ingham fue una de las principales responsables de afianzar a la Reflexología como una disciplina.

Cuando el doctor Fitzgerald era miembro del personal del Hospital Central de Otorrinolaringología de Londres tomó contacto con el cúmulo de teorías que circulaba en el ambiente médico sobre las zonas reflejas.

Estas nuevas experiencias, experimentos e hipótesis que revitalizaban los círculos médicos incentivaron la reflexión de numerosos especialistas, debido a que se trataba de un enfoque novedoso y nunca antes expuesto en el campo de la medicina occidental.

Como ninguna de ellas tenía una forma definida y concreta –salvo, aunque parcialmente, la de Henry Head–, Fitzgerald decidió investigar con profundidad sobre la materia.

✱ ENSEÑANZA

En la actualidad la Reflexología es una de las terapias alternativas con mayor expansión en el mundo. Algunos de sus tratamientos se utilizan en los consultorios externos de prestigiosos hospitales públicos de los Estados Unidos y Europa. Quizás su rápida difusión en el campo de la medicina se deba a los excelentes resultados logrados en la recuperación de lesiones y dolores lumbares.

Sus estudios llamaron la atención del doctor Joe Shelby Riley en los Estados Unidos, quien se interesó en el tema y lo comentó con Eunice Ingham. Esta enfermera, miembro de su equipo de terapeutas, comenzó a aplicar las teorías y a desarrollar las técnicas de lo que hoy se conoce como Reflexología podal, a principios de 1930.

Eunice Ingham dictó seminarios en todo el país, teniendo amplia repercusión dentro de su entorno. Fue así que en 1938 recopiló sus estudios en un libro llamado *Historias que los pies pueden contar.* Otro de sus grandes aportes consiste en la organización de las bases del Instituto Internacional de Reflexología.

Su sobrino, Dwight C. Byers, continuó con la difusión del método. Actualmente es el presidente del instituto y se dedica a la difusión de la Reflexología por todo el mundo.

ELEMENTOS DE LA DISCIPLINA

EL CONOCIMIENTO DEL ORGANISMO

Antes de comenzar cualquier tipo de acercamiento a las prácticas y técnicas reflexológicas es necesario conocer algunas de las nociones básicas que comprenden su radio de acción.

El cuerpo humano está conformado por numerosos órganos y tejidos, que le permiten desarrollar las tareas necesarias y básicas para su subsistencia. Cada una de estas pequeñas partes cumple funciones específicas y se relaciona, a su vez, con otros segmentos del organismo formando sistemas (como por ejemplo el respiratorio, el digestivo, el circulatorio, etc). Básicamente, es la interrelación entre los distintos sistemas corporales la que permite que se desarrollen las tareas primordiales para la vida.

La anatomía y la fisiología occidental fueron ciencias que desarrollaron en detalle y con precisión la mayoría de las funciones que cada sistema corporal realiza. Durante siglos, sus más grandes investigadores se han dedicado a explicar la forma y el proceder de cada una de estas partes del organismo. Estos conocimientos constituyen los pilares de la medicina moderna y resultan imprescindibles antes de realizar cualquier tipo de práctica curativa (ya sea reflexológica o no).

Antes de precisar los componentes básicos que forman la estructura de los pies, se hace necesario realizar un breve repaso por algunas de las nociones más básicas de la anatomía y la fisiología. Estos conceptos luego serán inevitables para el estudio, diagnóstico y tratamiento de las zonas reflejas.

El cuerpo humano posee una gran cantidad de zonas interrelacionadas que pueden ser estimuladas mediante determinados tipos de masaje.

Los tejidos musculares nos permiten realizar todos los movimientos corporales.

LOS SISTEMAS CORPORALES

El cuerpo humano está compuesto por diferentes sistemas, los cuales se relacionan entre sí.

En medicina, el concepto de sistema se utiliza para denominar al conjunto de órganos que se reúnen para obtener un mismo resultado. Por ejemplo, la conjunción de los pulmones, la tráquea, la faringe, la laringe, la boca y la nariz forma el sistema respiratorio. A su vez, los sistemas pueden trabajar en conjunto como lo hacen el articular, muscular y esquelético, formando el sistema locomotor. Aunque existen diferentes clasificaciones, el organismo está compuesto por 10 sistemas centrales:

1. **Circulatorio:** transporta nutrientes a los órganos a través de las venas y los capilares, (ver figura 1).

2. **Digestivo:** se encarga de digerir y elaborar los alimentos que ingresan al organismo para su posterior utilización.

3. **Endocrino:** regula las funciones del metabolismo a través de la secreción de hormonas producidas por distintas glándulas.

4. **Esquelético:** constituye la estructura que sostiene al cuerpo humano y le da forma. Está compuesto por los tejidos óseos.

5. **Linfático:** es el encargado de la defensa interna del cuerpo. Está compuesto por ganglios y vasos que filtran y combaten las toxinas, (ver figura 2).

6. **Muscular:** formado por los músculos que posibilitan los distintos movimientos corporales.

7. **Nervioso:** controla y coordina las actividades de todo el cuerpo y su relación con el exterior, (ver figura 3).

8. **Reproductor:** posibilita la procreación de nuevos organismos.

9. **Respiratorio:** es el responsable del ingreso de oxígeno (gas vital para el organismo) en el cuerpo.

10. **Urinario:** se ocupa de eliminar los residuos tóxicos a través de la orina.

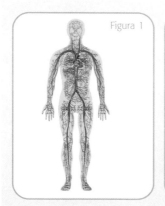

Figura 1

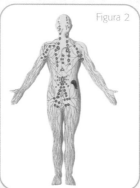

Figura 2

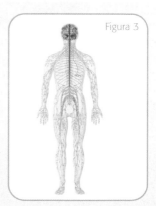

Figura 3

El cuerpo humano posee aproximadamente 650 músculos.

LOS MÚSCULOS

Los músculos representan el motor del cuerpo. Son la fuerza de tracción por la cual el organismo puede moverse y desplazarse a través de su ambiente. Aunque esta idea parezca simple y obvia es importante tenerla en cuenta.

El sistema muscular está compuesto por más de 650 músculos (algunos muy pequeños, como por ejemplo los de los párpados) que constituyen la mitad del peso corporal de una persona. Estos tejidos se caracterizan por ser fibrosos y por la posibilidad de contraerse y relajarse, generando así todos los movimientos posibles (desde el más simple hasta el más sutil) del cuerpo humano. También ayudan a cumplir otras funciones, tales como masticar alimentos o transportarlos a través del sistema digestivo.

Los movimientos que realizan los músculos son coordinados y controlados por el cerebro y el sistema nervioso. Según el tipo de movimiento, estos tejidos pueden dividirse en dos clases principales: involuntarios y voluntarios. Los involuntarios están controlados por el tronco encefálico (ubicado en el cerebro y la espina dorsal) y los voluntarios son regulados por la corteza motora y el cerebelo (también ubicados en el cerebro).

La **corteza motora** envía una señal eléctrica a los músculos a través de la espina dorsal y los nervios periféricos y provoca su contracción. El **cerebelo** coordina los movimientos de los músculos ordenados por la corteza motora. Los sensores que se ubican en los músculos y en las articulaciones envían mensajes de regreso a través de los nervios periféricos para indicarles al cerebelo y a otras partes del cerebro dónde y cómo se están moviendo. Esta información da como resultado un movimiento coordinado e ininterrumpido.

Los músculos son los responsables de generar todos los movimientos del cuerpo humano.

ⓘ IMPORTANTE...

Las contracciones musculares sirven para producir movimientos como, por ejemplo, caminar, correr o sostener un objeto. Estos movimientos se logran a partir del trabajo conjunto de dos pares de músculos: los flexores y los extensores. El flexor se contrae para doblar una extremidad en la articulación. Una vez completado este movimiento, el flexor se relaja y el extensor se contrae para extender o estirar el miembro en la misma articulación.

La teoría anatómica reconoce tres clases de músculos:

Estriados: son los músculos del esqueleto y sirven para el movimiento voluntario. Estos tejidos (también llamados esqueléticos) están unidos al hueso en las piernas, los brazos, el abdomen, el pecho, el cuello y la cara. Generalmente están conformados por fibras que tienen franjas horizontales (denominadas estrías). Mantienen unido el esqueleto, dan forma al cuerpo. Se pueden contraer (acortar o tensionar) rápidamente y con fuerza, pero se cansan fácilmente y deben descansar entre esfuerzos. Además, son los encargados de mover las articulaciones, (ver figura 1).

El sistema muscular está compuesto por tres tipos de músculos: lisos, estriados y cardíaco.

Lisos: corresponden a los órganos de la digestión y los vasos sanguíneos. Están conformados por fibras, pero tienen un aspecto liso y no estriado. Son controlados automáticamente por el sistema nervioso (razón por la cual se denominan involuntarios). Las paredes del estómago y los intestinos son ejemplos de músculos lisos que ayudan a descomponer los alimentos y los mueven a través del sistema digestivo. También hay músculos lisos en las paredes de los vasos que comprimen el flujo sanguíneo para ayudar a mantener la presión. Los músculos lisos tardan más tiempo en contraerse que los esqueléticos, pero pueden permanecer contraídos durante más tiempo, (ver figura 2).

Cardíaco: se encuentra en el corazón. Este tejido es un músculo involuntario y sus contracciones rítmicas generan la circulación de sangre por el organismo. (ver figura 3).

 ENSEÑANZA

Los músculos están formados por pequeñas fibrillas, que reciben los impulsos energéticos del cerebro. En algunas ocasiones, estos pequeños filamentos se anudan generando bloqueos energéticos. Los masajes reflejos logran aliviar las tensiones regulando el saturado caudal que irriga estos tejidos.

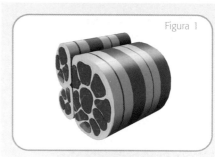
Figura 1

Figura 2

Figura 3

LOS HUESOS

El organismo humano está formado por 206 huesos aproximadamente, que son rígidos y protegen a los órganos blandos del cuerpo. Están formados en su mayoría por calcio. Los huesos forman el esqueleto, que se divide en dos:

- **Esqueleto axial:** formado por el cráneo, los huesos faciales, las costillas, el esternón y la columna vertebral.

- **Esqueleto apendicular:** formado por la cintura espaldar, las extremidades superiores e inferiores y la cintura pélvica.

Los huesos de los niños y los adolescentes son más pequeños que los de los adultos y cuentan con zonas de crecimiento denominadas "placas de crecimiento". Estas placas están conformadas por columnas de células de cartílago que se multiplican, aumentan su longitud y se convierten en hueso mineralizado (duro).

A su vez, los huesos están formados por colágeno, calcio, fósforo y otros minerales (como por ejemplo, el sodio). El calcio es un mineral indispensable para que los huesos sean resistentes y soporten el peso corporal. Su ingreso al organismo se da fundamentalmente mediante una alimentación rica en lácteos.

El sistema óseo constituye la estructura que sostiene y da forma al cuerpo humano.

Vista de la estructura ósea. Frente y espalda

Esqueleto axial

Las piezas que integran este conjunto están alineadas sobre el eje del cuerpo (marcado por la columna vertebral). **La cabeza** (integrada por huesos planos y delgados que protegen el cerebro) es considerada una de sus partes principales.

Esqueleto apendicular

Las piezas que conforman este conjunto están colocadas fuera del eje esquelético (localizado en torno a la médula espinal). Se compone de la cintura torácica o escapular (también conocida como cintura pectoral), las extremidades superiores (brazos), **la cintura pélvica** y extremidades inferiores.

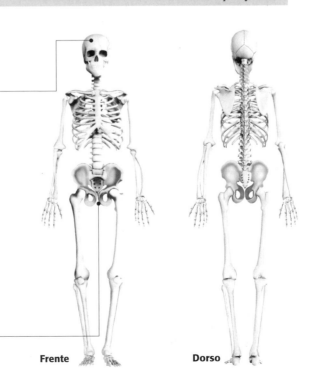

Frente

Dorso

La médula espinal, ubicada dentro de la columna vertebral, es la principal responsable de la fabricación de glóbulos rojos.

La médula blanda (ubicada en el interior de cada hueso) es el mayor productor de células sanguíneas. Contiene células especiales denominadas "células madre" que producen los glóbulos rojos y plaquetas (dos componentes esenciales del sistema circulatorio). En la constitución del tejido óseo se encuentran dos tipos de material: hueso compacto y esponjoso. El hueso compacto es la parte sólida, dura y externa del hueso. En su interior existen orificios y canales que sirven como recipiente de vasos y nervios. El hueso esponjoso se encuentra dentro del hueso compacto. Está conformado por una red de pequeños trozos de hueso denominados trabéculas.

Por último, los huesos están sujetos a los músculos por medio de largas bandas fibrosas denominadas ligamentos. Los cartílagos (una sustancia flexible y gomosa que se encuentra en las articulaciones) sostienen a los huesos y los protegen en las partes donde se friccionan entre sí.

 LOS TENDONES

Los tendones son haces de fibra densa de colágeno cuya función es conectar los músculos con los huesos. Por ejemplo, sobre la parte superior del pie, ayudan a extender (tendones extensores) y sobre su parte inferior ayudan a flexionar el músculo del pie (tendones flexores).

Huesos largos - Hueso húmero

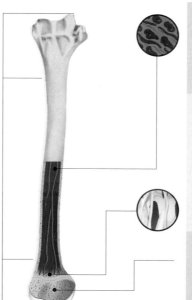

Epífisis proximal

Diáfisis o cuerpo óseo

Epífisis distal

Cartílago
Es el material que constituye el esqueleto del feto antes del nacimiento. Éste es reemplazado en forma gradual por el hueso.

Hueso esponjoso
También llamado capa interna. Es blando y presenta pequeñas cavidades ocupadas por vasos sanguíneos, grasas y médula ósea.

Capa externa o periostio
Está formada por columnas sólidas de material óseo. Cubre el cuerpo de los huesos de las extremidades.

LAS ARTICULACIONES

Las articulaciones son las zonas de unión entre los huesos y los cartílagos del esqueleto. Cumplen la función de permitir mover y doblar las distintas extremidades del cuerpo.

La teoría anatómica reconoce tres clases de articulaciones:

- **Sinartrosis:** son articulaciones rígidas y sin movimiento, como por ejemplo las que unen los huesos del cráneo. Se mantienen juntas gracias al crecimiento del hueso o bien por un cartílago fibroso y resistente.

- **Sínfisis:** presentan una escasa movilidad y se mantienen unidas por un cartílago elástico.

- **Diartrosis:** son las denominadas "articulaciones móviles". Poseen una capa externa de cartílago fibroso y están rodeadas de ligamentos resistentes sujetados a los huesos. Sus extremos óseos están cubiertos con cartílago liso y lubricados por un fluido espeso (líquido sinovial).
  El cuerpo humano tiene diversos tipos de articulaciones móviles.
  La cadera y el hombro, (ver figura 1) son articulaciones del tipo esfera cavidad, que permiten movimientos libres en todas las direcciones.
  Los codos, (ver figura 2) las rodillas, (ver figura 3) y los dedos tienen articulaciones en bisagra, de modo que sólo es posible la movilidad en un plano. Las articulaciones en pivote (que permiten sólo la rotación) son características de las dos primeras vértebras. Las articulaciones deslizantes permiten que las superficies óseas se muevan separadas y por distancias muy cortas. Se observan entre diferentes huesos de la muñeca y del tobillo.

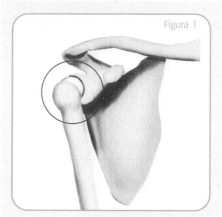

Figura 1

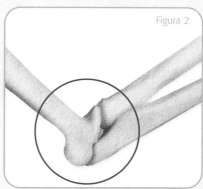

Figura 2

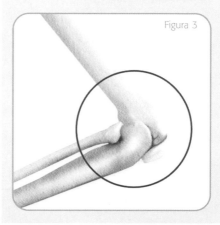

Figura 3

El cuerpo humano posee tres tipos de articulaciones: fijas, semifijas y móviles.

LOS PIES

En los pies se encuentran reflejados los principales órganos y tejidos del cuerpo.

Hasta aquí se han observado brevemente algunos de los componentes y las funciones más importantes que integran el cuerpo humano. Este repaso sirve para entender las nociones principales de sus partes. Sin embargo, para una correcta aproximación al tratamiento reflexológico, se hace necesario conocer en detalle todos los datos (las funciones, las partes y la constitución) más importantes de este sector corporal: los pies.

Función: los pies estuvieron inicialmente diseñados para mantenernos erguidos, caminar, trepar y, en algunas ocasiones, correr. Más tarde, las pautas culturales y la expansión geográfica del hombre derivaron en la implementación del calzado.

Esta situación provocó que los pies no tuviesen una correcta circulación sanguínea y que surgieran, como consecuencia, nuevas afecciones (como por ejemplo, los callos y las micosis).

Vista plantar del pie derecho

Falanges

Los dedos están conformados por las falanges.

Metatarsianos

El colchón metatarsiano y el istmo plantar poseen una estructura conformada por la articulación metatarso falángica y la mitad distal de los metatarsianos.

Tarso

La bóveda plantar está formada por la mitad proximal de los metatarsianos y la mitad distal del tarso; el talón, los maléolos, el tendón de Aquiles se conforma por la mitad proximal del tarso y la articulación del tobillo por el extremo distal de la tibia y el peroné.

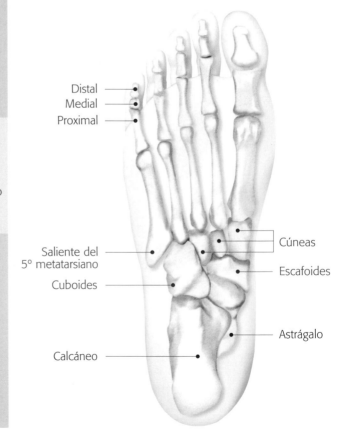

Distal
Medial
Proximal

Cúneas
Escafoides
Saliente del 5º metatarsiano
Cuboides
Astrágalo
Calcáneo

Constitución ósea: el pie está unido a la pierna por la articulación de su cuello y comprende tres segmentos óseos bien definidos. En la parte posterior, el tarso está formado por siete huesos cortos sólidamente ligados entre sí y sus huesos más importantes son el astrágalo y el calcáneo; en el centro, el metatarso está formado por cinco tallos o varillas óseas, cada una unida a la parte ósea de los dedos; finalmente, éstos constituyen la porción terminal del pie y constan de tres falanges, a excepción del dedo gordo, que tiene dos.

> ### ⓘ IMPORTANTE...
>
> Los pies son el apoyo de todo el cuerpo. En su superficie se encuentran dispuestas las zonas reflejas más importantes del organismo. No obstante, estas mismas áreas también pueden verse en las manos y otras partes del cuerpo, como por ejemplo, la cabeza; sólo que son más difíciles de situar.

Cada uno de los pies del cuerpo humano está formado por 26 huesos.

Vista **dorsal** del pie derecho

- Distal
- Medial
- Proximal

- Cúneas
- Escafoides
- Astrágalo

- Saliente del 5° metatarsiano
- Cuboides
- Distal

Movimiento

Todos los huesos del pie forman un conjunto armónico y específico, diseñado exclusivamente para soportar todo el peso del cuerpo y sus movimientos.

Evolución

En alguna etapa de la evolución del cuerpo humano, los dedos de los pies (constituidos por las falanges) poseían una variedad de movimientos mucho más efectiva que la que actualmente ostentan. Se cree que el hombre (al igual que los monos) los utilizaba para maniobrar objetos y trepar rápidamente a los árboles.

Morfología **del pie**

Partes del pie y el empeine

Si se mira el pie de **frente**, se observa la región del tobillo (el maléolo interno y externo), el dorso del pie, los bordes interno y externo. De perfil **externo** se observa: el borde externo, la saliente del quinto metatarsiano, el hueco cuboides, el talón, el tendón de Aquiles y el maléolo externo. De perfil **interno** se distingue: el tendón de Aquiles, el maléolo interno, el arco plantar interno, la articulación metatarso falángica del primer dedo. Si se observa de **atrás** el tendón de Aquiles, se ve el talón (el volumen del calcáneo) y los maléolos interno y externo. De **abajo,** se observa la planta del pie en donde está el talón, el istmo, la bóveda plantar, el colchón metatarsiano y los pulpejos de los dedos.

Vista de frente

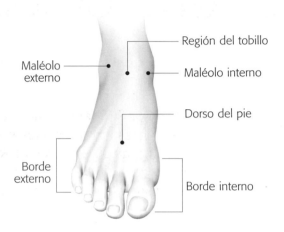

Región del tobillo
Maléolo externo
Maléolo interno
Dorso del pie
Borde externo
Borde interno

Vista de perfil externo

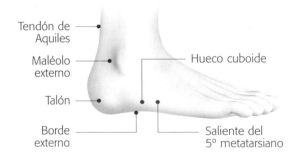

Tendón de Aquiles
Maléolo externo
Talón
Borde externo
Hueco cuboide
Saliente del 5º metatarsiano

Vista de perfil interno

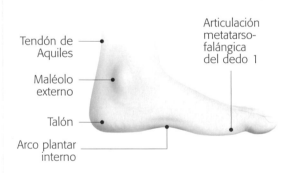

Tendón de Aquiles
Maléolo externo
Talón
Arco plantar interno
Articulación metatarso-falángica del dedo 1

Vista de atrás

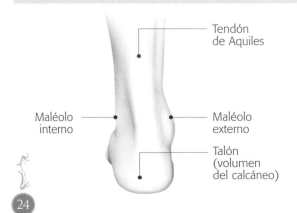

Tendón de Aquiles
Maléolo interno
Maléolo externo
Talón (volumen del calcáneo)

Vista de abajo

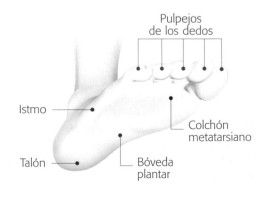

Pulpejos de los dedos
Istmo
Colchón metatarsiano
Talón
Bóveda plantar

PRINCIPIOS DE LA REFLEXOLOGÍA

EL REFLEJO DEL CUERPO

El cuerpo humano posee una intrincada red de canales por los cuales circula la energía que absorbe de su entorno. La Reflexología basa gran parte de sus principios terapéuticos en la estimulación de estos conductos.

La Reflexología moderna se formó a partir de un conjunto de principios curativos que tienen antecedentes milenarios.

El concepto hindú de medicina postula que en el cuerpo humano existen distintos sectores por donde ingresa la energía exterior.

Dentro de sus bases subyacen principalmente dos grandes tradiciones terapéuticas: por un lado, la concepción oriental (proveniente de la medicina china), que concibe al cuerpo humano como un circuito de circulación de la energía; y, por otro lado, las antiguas técnicas para tratar enfermedades a través de los masajes.

En su mayoría, los antiguos estudios anatómicos orientales (en especial los hindúes, los chinos y los japoneses) consideran que el cuerpo humano es recorrido por diversos canales de energía. Estos *surcos* desempeñan una función esencial en el funcionamiento de órganos y sistemas internos.

Si bien poseen diferencias entre sí, la mayoría de estos tratados dividieron al organismo en distintas áreas (llamadas zonas o meridianos) sobre la base de los caminos que esta corriente energética transita a lo largo de todo el cuerpo.

Los métodos curativos a través de los masajes poseen una larga tradición dentro de la cultura oriental.

CENTROS Y PUNTOS

La aplicación constante y periódica de masajes reflexológicos ayuda a mejorar las funciones de los sistemas corporales. Por ejemplo, la del sistema circulatorio.

Otro importante foco de atención de la Reflexología moderna (y quizás el principal) hace hincapié en los puntos por donde la energía ingresa al cuerpo. El antecedente más claro sobre el estudio de esta cuestión puede encontrarse en los denominados **chakras** desarrollados ampliamente en los tratados de anatomía hindú.

La teoría reflexológica considera que existen partes externas del cuerpo que resumen o reflejan todos los componentes del organismo y que, a la vez, son importantes centros de recepción energética. Cada uno de esos puntos está interconectado (a través de meridianos energéticos) con los distintos órganos internos. A su vez, la constante estimulación abre la posibilidad de modificar su estado.

 LOS CHAKRAS

Según la filosofía oriental, son centros neurálgicos que todos los seres vivos poseen. Generalmente se encuentran situados en la intersección del cuerpo astral y el cuerpo físico. Poseen, además, una estrecha relación con el centro de la médula espinal y los plexos nerviosos del cuerpo humano.

En efecto, la actuación sobre estas zonas reflejas (aplicando correctamente la técnica) ayuda a mejorar las funciones de los órganos y los aparatos corporales (digestivo, circulatorio, respiratorio, etc.). Restablece también el equilibrio perdido y desarrolla una inteligencia corporal capaz de evitar y prevenir trastornos.

CLASIFICACIÓN DE LA REFLEXOLOGÍA

En base a un concepto común ("zonas externas que reflejan el conjunto del organismo"), esta disciplina ha sido clasificada según el sitio en donde aplique su estímulo. No obstante, sea cual fuere su zona de acción, sus principios siempre se centran en el análisis minucioso de la anatomía, las conexiones internas que ese sector establece y su correcto tratamiento. Si se las toma en conjunto, todas estas variaciones aportan un sólido conocimiento teórico sobre la morfología y los caracteres físicos de las distintas partes del cuerpo.

En la espalda se concentran puntos de energía, que los tratados terapéuticos hindúes denominan Chakras.

Se suele pensar, equivocadamente, que esta gran división dentro del campo puede llevar a una dispersión de sus efectos y diagnósticos. Sin embargo, las experiencias hasta ahora recogidas han demostrado lo contrario: el tratamiento y el análisis desde distintos puntos de vista aportan una visión completa y acabada de los problemas relacionados con la salud.

Algunas de las ramas más difundidas son:

Iridología: esta variación considera que el iris del ojo humano es la parte del cuerpo que refracta de manera más fiel las zonas reflejas de los órganos internos.

Sobre la base de un mapa ocular (desarrollado inicialmente por el médico húngaro Ignatz von Peczely a fines del siglo XIX) es posible afirmar que cada órgano, sistema o región del cuerpo tiene su representación gráfica y manifiesta su estado.

La Iridología estudia las anomalías corporales a través de los signos reflejados en el iris humano.

Dentro de estos principios reflexológicos es posible estudiar de manera precisa las modificaciones de las estructuras y el color visible del iris, así como obtener información concisa del estado de cada órgano del cuerpo.

La Irilogía (también llamada Reflexología del ojo) permite diagnosticar enfermedades y evaluar su evolución. Sin embargo, este método sólo es útil para fines preventivos, ya que el iris es una zona extremadamente sensible e imposible de estimular con masajes. En general, sus tratamientos sólo se realizan como complementos de otros métodos terapéuticos.

Mediante su estudio se pueden reunir todos los datos hereditarios anteriores a la enfermedad, además de pronunciar un pronóstico sobre ella.

La Iridología es una rama de la Reflexología que estudia cómo se expresan los síntomas de las afecciones en el iris del ojo.

 ✳ ENSEÑANZA

El color del iris está conformado por una gran cantidad de vitaminas y proteínas (las cuales conforman la melanina). Estas sustancias son metabolizadas dentro del cuerpo, por lo tanto, si el organismo padece alguna deficiencia o anomalía estas señales son inmediatamente reflejadas en toda la superficie del ojo.

El campo de acción de la Reflexología no sólo se circunscribe a los pies, sino que también se extiende a otras zonas del cuerpo.

Reflexología auricular: dentro de esta rama, la teoría se aplica exclusivamente al pabellón de las orejas. Es un método frecuentemente utilizado por la acupuntura (tratamiento a través de agujas) en su variante denominada "auriculoterapia". Suele recomendarse especialmente para tratamientos prolongados, ya que la portación permanente de agujas en ese sector de la piel resultaría muy molesta para la actividad cotidiana.

Reflexología de la mano: parte de los mismos conceptos que el punto anterior (zonas micro reflejas de los órganos del cuerpo humano) pero se aplica a las manos. De ella deriva la acroterapia.

Reflexología del cuero cabelludo: en la zona donde normalmente todo ser humano tiene cabello, la cabeza, existe un gran número de zonas micro reflejas de órganos y estructuras corporales internas, que pueden ser estimuladas.

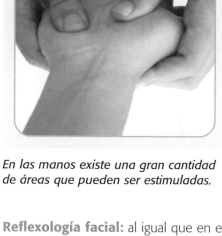

En las manos existe una gran cantidad de áreas que pueden ser estimuladas.

Reflexología facial: al igual que en el área de la cabellera, en la cara también se ha descubierto una gran cantidad de zonas micro reflejas de un número igual de órganos, glándulas y estructuras corporales, que permiten masajes zonales de estimulación.

Reflexología en dedos y uñas: es un método utilizado en una corriente de medicina oriental llamado *su jok*. En ella, se utilizan imanes o vegetales aplicados en zonas micro reflejas localizadas en dedos y uñas, para conseguir estimulación en áreas específicas internas.

Reflexología del abdomen: este sistema es muy popular en Japón y Corea. Está basado en el mismo principio que todas las disciplinas anteriores, pero localiza sus sectores de acción en el abdomen.

 IMPORTANTE...

A pesar de todas las variantes en las que se diversifica la Reflexología, la más empleada en la actualidad es la Reflexología podal (o Reflexología de los pies). Este hecho se debe a que en este sector corporal se encuentran mucho más sensibilizadas las zonas reflejas que en cualquier otra parte del cuerpo.

Reflexología de la piel: en la piel de casi todo el cuerpo, está localizada una inmensa cantidad de áreas micro reflejas. En otras palabras, toda la superficie corporal puede ser masajeada para acceder a la estimulación de órganos internos. La mayor aplicación de este enfoque se da en el sistema terapéutico de origen oriental llamado acupuntura. De este sistema se desprenden otros métodos utilizados popularmente, tales como la digitopuntura o digitopresión.

LA REFLEXOLOGÍA PODAL

Dentro de las distintas vertientes que integran la Reflexología, el tratamiento de las zonas reflejas en los pies (denominado Reflexología podal) es uno de los más desarrollados.

Esta práctica considera la existencia en el cuerpo humano de diez franjas longitudinales y cuatro segmentos o zonas transversales. A su vez, la intersección de estos meridianos define cuarenta áreas o puntos a lo largo de toda la extensión corporal, que tienen su correspondencia con un sector específico de los pies. No obstante, debe tenerse en cuenta el hecho de que el cuerpo humano posee frente, espalda y perfiles izquierdo y derecho. Esto es muy importante para definir el punto exacto del reflejo de un órgano o tejido.

LOS PIES EN CONJUNTO

En la aplicación de esta terapia, los pies deben ser considerados como un todo. En primer lugar, en cada uno de

ENSEÑANZA

Algunos reflexólogos recomiendan a sus pacientes realizar extensas caminatas descalzos sobre la tierra y en espacios abiertos. Esta práctica ayuda al organismo a cargar energía vital directamente de la fuente de origen.

ellos se reflejan las cinco franjas longitudinales correspondientes a la mitad respectiva (derecha e izquierda). Es decir, sólo ambos en conjunto reflejan todo el cuerpo. Por ejemplo, existen órganos, como el estómago (que ocupan parte de ambas mitades del cuerpo) en cuyo caso es necesario aplicar la técnica en ambos pies para estimularlo. Lo mismo vale para los órganos dobles, como los pulmones o los riñones, normalmente ubicados simétricamente en los dos costados corporales.

En segundo lugar, y en contra de un error muy común que aún hoy se comete, la Reflexología **no debe aplicarse solamente en la planta de los pies, sino también en los empeines y en ambos costados (externo e interno)**, ya que en ellos también se encuentran puntos reflejos.

En la actualidad, la práctica reflexológica más utilizada es la Reflexología podal.

Ubicación de las **zonas transversales** en los pies

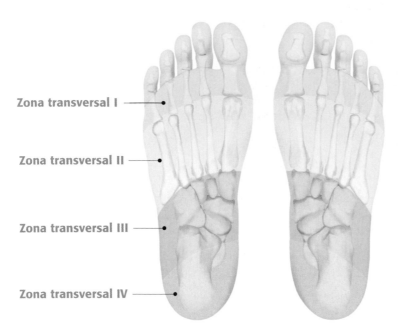

Zona transversal I

Zona transversal II

Zona transversal III

Zona transversal IV

Zona transversal I
Sector de la cabeza
hasta el borde
superior del hombro.

Zona transversal II
Del borde superior
de los hombros al
arco costal interior.

Zona transversal III
Cavidad abdominal
hasta los músculos
inferiores de la pelvis.

Zona transversal IV
Comprende desde los
músculos inferiores de
la pelvis hasta el
comienzo de los tobillos.

LAS LÍNEAS VERTICALES Y TRANSVERSALES

Los tratados reflexológicos más importantes dividen el pie en cuatro zonas transversales que se corresponden, a su vez, con un área específica del cuerpo.

La precisión en la ubicación de los puntos reflejos de cada componente del cuerpo humano sólo es posible, si se considera la existencia de cuatro zonas transversales y diez longitudinales. De esta manera, cada órgano o parte del cuerpo tiene doble coordenada: la franja vertical y la horizontal.

Según Fitzgerald existen tres líneas que delimitan las cuatro zonas transversales: la línea superior, situada a la altura de las clavículas y la parte media de los hombros; la media, que pasa por el arco costal y se continúa

en los brazos a la altura del codo; y la inferior, delimitada por los músculos inferiores de la pelvis, que se prolonga en los brazos a la altura de las muñecas. Estos sectores se clasifican en:

1. **Segmento transversal I**
   Comprende la cabeza, el cuello y la nuca.

2. **Segmento transversal II**
   Abarca desde la línea definida por las clavículas y los hombros hasta el borde del arco costal inferior. A esta zona pertenecen los órganos del pecho (como el corazón y los pulmones), los de la parte superior del abdomen, y el brazo hasta los codos.

3. Segmento transversal III
Comprende el bajo vientre y la cavidad pelviana hasta los músculos inferiores de la pelvis, que marcan la terminación del tronco. A esta zona pertenecen el estómago, los intestinos, los órganos sexuales, las articulaciones de la cadera y los antebrazos.

4. Segmento transversal IV
Se ubica desde los músculos inferiores de la pelvis hasta el comienzo de los pies (ubicado en el tobillo). Esta franja abarca toda la extensión de las piernas (muslos, rodillas y gemelos).

LAS ZONAS LONGITUDINALES

Generalmente se las numera del 1 al 5 (5 en cada uno de los pies y 5 en cada una de las manos) y se corresponden con los 5 órganos más importantes del organismo (cerebro, corazón, hígado, pulmones y estómago).

Las diez franjas van desde la cabeza hasta los pies. En este caso, es necesario hacer una aclaración: en los hombros y en la zona de la ingle se produce una división de las franjas hacia la izquierda y hacia la derecha.

Ubicación de las zonas longitudinales a lo largo del cuerpo 1-5 (izquierda-derecha)

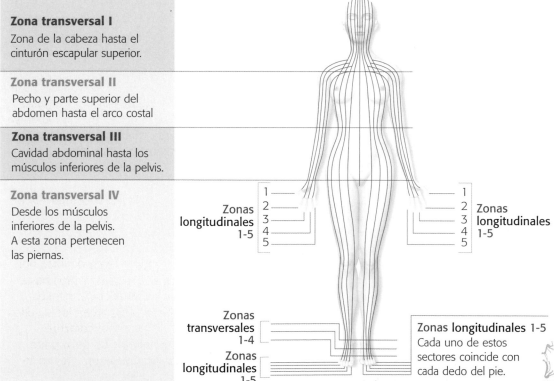

Zona transversal I
Zona de la cabeza hasta el cinturón escapular superior.

Zona transversal II
Pecho y parte superior del abdomen hasta el arco costal

Zona transversal III
Cavidad abdominal hasta los músculos inferiores de la pelvis.

Zona transversal IV
Desde los músculos inferiores de la pelvis. A esta zona pertenecen las piernas.

Zonas longitudinales 1-5

Zonas longitudinales 1-5

Zonas transversales 1-4

Zonas longitudinales 1-5

Zonas longitudinales 1-5
Cada uno de estos sectores coincide con cada dedo del pie.

LECTURA DEL PIE

La interpretación de los signos que se manifiestan en los pies es el primer paso para iniciar un tratamiento reflexológico.

La terapia reflexológica efectúa la lectura del pie principalmente a través del minucioso registro y observación de su planta. No obstante, esto puede resultar difícil para aquellas personas que no cuenten con una adecuada flexibilidad articular. Para poder avanzar en el estudio, es necesario buscar una posición cómoda y confortable. Una buena alternativa puede ser utilizar un espejo para así observar con mayor tranquilidad.

Es importante darse un tiempo para conectarse y analizar los pies con la vista y con el tacto. Primero se debe pasar por los dedos las carnosidades del metatarso, la bóveda plantar (o arco) y el talón. Luego es conveniente confeccionar una lista con las características observadas, ya sean buenas o malas.

Los pies son una importante fuente de información sobre el estado de salud del organismo.

IMPORTANTE...

La división del cuerpo en zonas y franjas está emparentada con el concepto de los meridianos de energía, estudiado ampliamente por la medicina china. Nunca se ha aclarado si William Fitzgerald partió del conocimiento de esos meridianos y los simplificó en su número y recorrido, o si desarrolló su teoría de modo completamente independiente. Pero de todas maneras, cualquiera haya sido el caso, ambas escuelas llegaron a conclusiones similares.

Para terminar este primer contacto, se debe caracterizar cada área. Para esto hay que saber a qué parte corresponde cada una:

• Los dedos se corresponden, en el cuerpo, con el área de la cabeza, y en el área personal, con el aspecto mental.

• El colchón metatarsiano representa las áreas de pecho, espalda y extremidades superiores, y los aspectos del impulso y de la acción.

• El arco plantar o bóveda da cuenta del área abdominal y el plano de las emociones.

• El talón refleja el área pélvica, las extremidades inferiores y los aspectos instintivos de supervivencia.

Mapas de la **parte superior del pie**

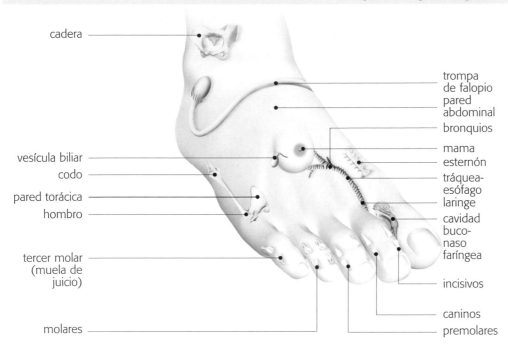

cadera

trompa de falopio
pared abdominal
bronquios

vesícula biliar
codo
pared torácica
hombro

mama
esternón
tráquea-esófago
laringe
cavidad buco-naso faríngea

tercer molar (muela de juicio)

incisivos

caninos

molares

premolares

Mapas de la parte **lateral del pie**

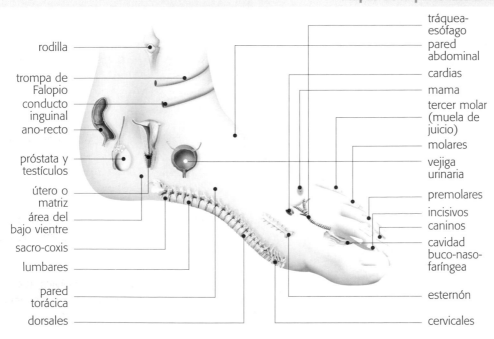

tráquea-esófago
pared abdominal

rodilla

trompa de Falopio
conducto inguinal
ano-recto

cardias
mama
tercer molar (muela de juicio)

molares
vejiga urinaria

próstata y testículos

útero o matriz
área del bajo vientre

premolares
incisivos
caninos
cavidad buco-naso-faríngea

sacro-coxis

lumbares

pared torácica

dorsales

esternón

cervicales

33

Zonas reflejas en la planta del pie derecho

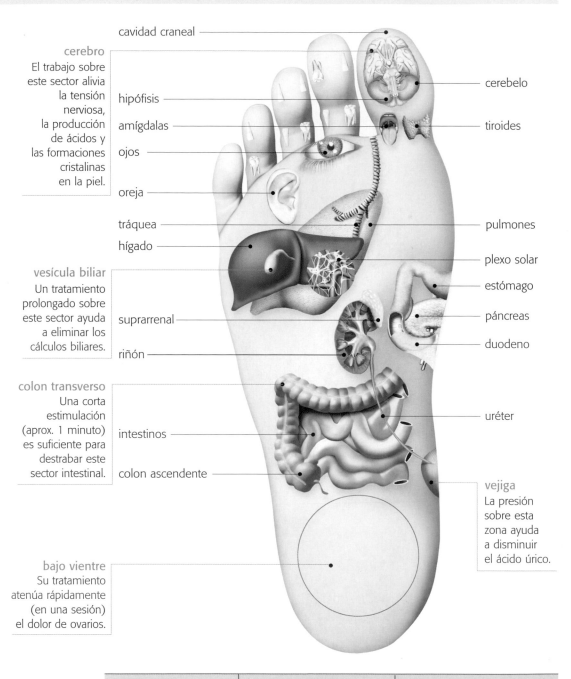

cavidad craneal

cerebro
El trabajo sobre este sector alivia la tensión nerviosa, la producción de ácidos y las formaciones cristalinas en la piel.

cerebelo

hipófisis

amígdalas

tiroides

ojos

oreja

tráquea

pulmones

hígado

plexo solar

vesícula biliar
Un tratamiento prolongado sobre este sector ayuda a eliminar los cálculos biliares.

estómago

suprarrenal

páncreas

riñón

duodeno

colon transverso
Una corta estimulación (aprox. 1 minuto) es suficiente para destrabar este sector intestinal.

intestinos

uréter

colon ascendente

vejiga
La presión sobre esta zona ayuda a disminuir el ácido úrico.

bajo vientre
Su tratamiento atenúa rápidamente (en una sesión) el dolor de ovarios.

El **hígado** es el área refleja más importante ubicada sobre este sector.	Comparte con el pie izquierdo el **bajo vientre**, los **intestinos**, los **riñones** y el **estómago**.	Órganos como los **oídos** y los **ojos** (órganos pares) se reflejan en el pie según su ubicación corporal.

Zonas reflejas en la planta del pie izquierdo

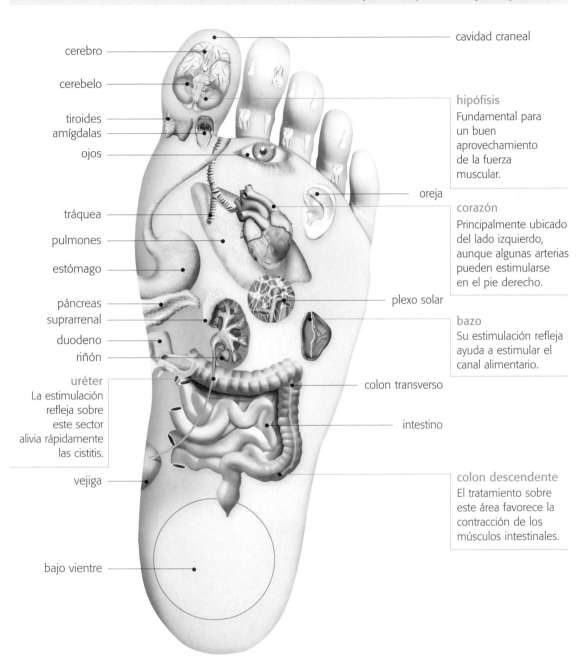

cerebro

cerebelo

tiroides
amígdalas

ojos

tráquea

pulmones

estómago

páncreas
suprarrenal

duodeno
riñón

uréter
La estimulación
refleja sobre
este sector
alivia rápidamente
las cistitis.

vejiga

bajo vientre

cavidad craneal

hipófisis
Fundamental para
un buen
aprovechamiento
de la fuerza
muscular.

oreja

corazón
Principalmente ubicado
del lado izquierdo,
aunque algunas arterias
pueden estimularse
en el pie derecho.

plexo solar

bazo
Su estimulación refleja
ayuda a estimular el
canal alimentario.

colon transverso

intestino

colon descendente
El tratamiento sobre
este área favorece la
contracción de los
músculos intestinales.

El **sector cerebral** ubicado en esta área se corresponde con el hemisferio derecho (que controla la parte izquierda).

El **corazón** es el área refleja más importante ubicada sobre este sector.

Para la estimulación de sistemas corporales completos (como el **digestivo**) conviene siempre comenzar por el pie izquierdo.

Los pies humanos poseen pequeñas diferencias de color y forma en la misma persona.

DIFERENCIAS ENTRE PIE DERECHO E IZQUIERDO

Atención: las condiciones climáticas pueden incidir en el estado de salud de los pies.

Si bien estructuralmente todos los cuerpos humanos presentan diferencias (una pierna o un brazo levemente más largo que el otro), debe tenerse en cuenta que estas desigualdades son signos de un desequilibrio que afecta a todo el organismo.

Con los pies pasa lo mismo: a veces alguno puede ser más ancho, más largo, más compacto o más fláccido. Sin embargo, estas desemejanzas no siempre pueden verse a simple vista. Algunas, las más sutiles, sólo son detectadas por un profesional.

Cuando el terapeuta registra alguna anomalía, se enfrenta al hecho material de que existe una actividad desigual entre las dos mitades del cuerpo (sobre todo si se observan indicios de apoyo distinto en los pies).

El diagnóstico más común en estos casos es que la zona refleja que se corresponde con el pie recibe más carga y está muy exigida, mientras que la de menor apoyo tiene menor actividad.

Uno de los casos más comunes suele darse cuando los dedos de un pie están más curvados que los del otro (pueden mostrar diferencias de color, textura o flexibilidad). Es posible que estas desigualdades sean más notorias en el área del talón.

AMBIENTES DESFAVORABLES

Muchos expertos en masaje zonal (una técnica que posee larga tradición en Occidente) están convencidos de que la influencia ambiental desfavorable (altas temperaturas o fríos extremos) pueden provocar acumulación de sales, calcio y cristales de ácido úrico en las terminaciones nerviosas de los puntos reflejos. Este tipo de concentración bloquea y altera la estimulación normal de las glándulas y los órganos.

Determinados masajes pueden contribuir a la eliminación de estos cristales y sales, permitiendo la estimulación normal de los órganos, así como la capacidad de recuperar en poco tiempo sus funciones habituales.

En síntesis: la Reflexología moderna combina dos técnicas terapéuticas de concepciones y orígenes diferentes que coinciden en sus conclusiones y en sus propuestas.

LA TÉCNICA

AUTOTRATAMIENTO

La Reflexología ofrece diferentes variantes para su aplicación. Por eso, antes de comenzar un tratamiento conviene conocer algunos de los métodos básicos y necesarios que se utilizan en una terapia.

Dentro de la gama de tratamientos que ofrece la Reflexología se encuentra la autoterapia. Esta técnica es básica y sólo sirve para tratar dolencias inmediatas o urgentes. No obstante, siempre que se requieran tratamientos prolongados hay que recurrir a un profesional.

Realizar un autotratamiento no significa buscar a ciegas y con esfuerzos las zonas reflejas. Por el contrario, se requieren sólidos conocimientos de anatomía general y de los pies en particular. En muchas ocasiones, los dolores y las molestias de algunos órganos suelen manifestarse en una zona completamente distinta a la tratada.

La técnica de autotratamiento reflexológico se recomienda sólo para dolencias leves y nunca para tratar afecciones complicadas.

LAS CONDICIONES PREVIAS

La aplicación del autotratamiento requiere algunas condiciones previas. A veces, pueden parecer cuestiones menores (o demasiado evidentes) pero resultan decisivas para el éxito de la empresa:

- Se debe tener confianza en el método. Si se desconfía, es muy difícil aplicarlo correctamente.

- Los pies deben estar limpios y secos para favorecer el efecto del masaje. No se recomienda el uso de polvos o líquidos pédicos (sólo se usan en caso de prescripción médica).

Dentro de este tipo de técnica, resulta complicado conseguir un estado de relajación completa (ya que es la misma persona la que aplica el masaje y desarrolla la actividad con sus brazos). Lo ideal es lograr el mayor punto de relajación y concentración posible.

Es preferible quitarse sólo los zapatos y las medias del pie que se está masajeando y dejar el otro apoyado en el piso. De esta manera se mantendrán siempre calientes.

El primer paso entonces consiste en sentarse cómodamente (de ser necesario, con almohadas y cojines adicionales), aflojar los cinturones, corbatas y toda otra prenda que pueda oprimir o molestar (si es muy friolento, puede cubrirse con una frazada o manta liviana).

El segundo paso será subir el pie que va a masajear sobre el otro muslo, de modo que queden libres las zonas reflejas sobre las que se va a actuar.

Si durante la aplicación de un autotratamiento se generan dudas, consulte a su médico de cabecera.

• Este tipo de terapia no requiere aceites especiales (comunes en otros tipos de masaje). Sin embargo, en algunos casos, pueden emplearse después para reforzar su efecto.

• El ambiente recomendado para el tratamiento tiene que ser amplio, luminoso y cálido. Nunca debe sentirse frío, ya que esto provoca movimientos musculares involuntarios que perjudican el masaje y disminuyen la concentración.

LA POSICIÓN

La mejor posición para realizar un autotratamiento es sentado en una silla cómoda, con el respaldo derecho (sin apoyos laterales) para que los brazos se muevan sin obstáculos. Esta postura acerca y facilita el acceso de las manos hacia las distintas partes del pie.

Esta terapia requiere agilidad para subir las piernas sin problemas, de modo que los brazos lleguen cómodamente a los pies sin tener que hacer esfuerzos. **Si esto no es posible, el tratamiento no será efectivo y se requerirán los servicios de un terapeuta.**

 IMPORTANTE...

Cualquier reacción corporal provocada por los masajes debe ser tenida en cuenta. Estas señales constituyen la guía esencial para el desarrollo de una sesión. Sin embargo, si se sienten molestias o dolores indeseables, inmediatamente se interrumpirá el masaje para consultar a un experto.

AUTOTRATAMIENTO PREVENTIVO

Los automasajes son especialmente aptos para prevenir dolencias simples y para fortalecer los órganos corporales frente a distintas enfermedades. Generalmente sus beneficios se extienden también a un cambio notable del estado de ánimo.

La duración y constancia de las sesiones debe oscilar entre 15 y 20 minutos diarios (siempre y cuando permitan estimular todas las zonas reflejas). Este tratamiento preventivo debe durar entre 4 y 6 semanas, y puede realizarse dos veces al año. En otras palabras, una pequeña dedicación a uno mismo que ayuda a conservar la salud.

La elección de la técnica **depende siempre de los objetivos del trabajo**. Las técnicas básicas pueden clasificarse en dos grupos fundamentales:

• Aquellas que movilizan los huesos y articulaciones de los pies (denominadas **técnicas de movilización**).

• Las que ejercen presión sobre los tejidos (llamadas **técnicas de presión**).

En la mayoría de los casos estos métodos suelen combinarse, dando lugar a técnicas mixtas. La principal diferencia entre estos dos métodos consiste en que las técnicas de movilización producen desplazamientos en la estructura ósea y colaboran a aflojar tensiones.

✱ ENSEÑANZA

El automasaje es un método natural que se realiza, prácticamente, desde el comienzo de la vida. Es natural observar en los bebés muy pequeños los juegos que realizan con los pies. Esto forma parte de un instinto natural de autocuración, que tiene el ser humano.

La duración y constancia de las primeras sesiones de autotratamiento debe oscilar entre 10 y 15 minutos diarios.

Es por esta razón que las sesiones comienzan con este tipo de masajes (dado que inducen a la relajación y ayudan a que el paciente se entregue al trabajo). También son indicadas para preparar una zona sobre la que se aplicarán las técnicas de presión.

Recomendación práctica: antes de efectuar presión en un área, conviene movilizar y ablandar la zona. Puede ser que la región se encuentre particularmente congestionada o dolorida; y si se presiona directamente, puede dar lugar a una reacción defensiva en el organismo que genere mayor tensión.

LA TÉCNICA BÁSICA DE MASAJE

Las primeras aplicaciones de masajes reflexológicos deben ser suaves y respetar la movilidad inicial del pie.

La palabra "masaje" tiene una larga y diversa lista de definiciones, según la cultura y la época. La acepción reconocida por la teoría reflexológica proviene del vocablo francés **massage** y significa "manipular con las manos cualquier parte del cuerpo de acuerdo a una técnica determinada". Es por esta razón que el éxito de cualquier tratamiento basado en ellos depende siempre de la correcta aplicación del método utilizado.

Entonces, el primer paso consistirá en mantener relajado el pie que se va a tratar. El segundo, en darle un sólido apoyo para que pueda resistir la presión de los dedos durante el masaje. La mano que no aplica el masaje debe sostener firmemente el pie en el lado opuesto al que se está trabajando. **Ejemplo:** si va a tratar la planta del pie, la mano libre sostiene el empeine, (ver figura 1).

Figura 1

> ### ① IMPORTANTE...
>
> Las terapias reflexológicas pueden ser un excelente complemento de los tratamientos psicológicos. En ellas se potencia la conexión de la persona consigo misma y por lo tanto se enriquece la concentración sobre los problemas personales en ambos espacios terapéuticos.

Generalmente, en estos casos se utiliza la palma de la mano como superficie de apoyo y el pulgar (separado) ayuda a sostener.

Asimismo, la mano que masajea también sirve de soporte. Un terapeuta puede utilizar el conjunto de los dedos, pero en el automasaje es suficiente con emplear el pulgar. De este modo, los otros cuatro dedos se ubican del lado opuesto del pie y el pulgar realiza el masaje en la zona correspondiente.

Recomendación práctica: si el automasaje sobrepasa o abarca un área más amplia que la de la zona refleja, el efecto será igualmente benéfico y se extenderá también a sus inmediaciones. La firmeza, la duración y el ritmo de trabajo desarrollados durante el autotratamiento dependen de la reacción y la tolerancia que se muestre ante él.

EL TRATAMIENTO

Antes de adentrarse de lleno en el autotratamiento conviene tener presente que un terapeuta experimentado piensa su plan de masajes después de efectuar un exhaustivo diagnóstico. En cambio, alguien con poca práctica estará obligado a aprender de sus propias experiencias la manera de regular y adaptar el masaje. Para ello, deben considerarse los siguientes aspectos:

• Trabajar las zonas de los pies en toda la superficie de la piel, de modo rápido pero permanente.

• Dosificar la presión del pulgar de manera que el dolor resultante sea soportable. No se recomienda (quizás por temor a padecer algún dolor) evitar zonas, ya que esto perjudicará los resultados esperados. No obstante, tampoco es adecuado presionar demasiado en esas zonas, ya que puede provocar una reacción no deseable.

• La duración de la presión en un mismo punto puede ir de unos pocos segundos a varios minutos. Esto dependerá de la tolerancia individual y de la combinación entre el grado de presión, el ritmo y el tiempo del masaje.

En la técnica del automasaje conviene comenzar con varias aplicaciones de pocos segundos en la misma zona, repetidas y con intervalos cortos. Hay ocasiones en que el sólo roce repetido de una zona reflejo hace alcanzar el límite de tolerancia (especialmente si existen afecciones fuertes en los órganos que le corresponden).
En cada sesión de autotratamiento hay que encontrar la combinación adecuada de presión, ritmo y duración. Los cambios anímicos y físicos que vive una persona de un día a otro deben ser tenidos en cuenta para encontrar el punto de equilibrio. Para esto, resulta imprescindible desarrollar una extrema percepción de las reacciones y un cierto sentido del tacto.

El ritmo de ejecución del masaje reflexológico debe ser sostenido y firme.

El masaje debe tener en cuenta los cambios anímicos y físicos de la persona para lograr así, un punto de equilibrio.

LA TÉCNICA DE LA CAMINATA

La mayoría de la técnicas reflexológicas combinan distintos movimientos de dedos y palmas de la mano.

La movilización del área refleja mediante las "caminatas" permite ejercer un estímulo suave pero constante en determinado sector del cuerpo. En general, las técnicas de presión reflexológicas parten de la estimulación de las áreas mediante la compresión efectuada por el pulgar y otros dedos de la mano.

Aclaración práctica: estas técnicas son utilizadas también por los profesionales y para su correcta aplicación debe consultarse previamente con ellos. En términos generales, se distinguen diferentes tipos de caminatas y estímulos:

Caminata del pulgar: en este movimiento, el pulgar moviliza su articulación en un ángulo de 45° y se desliza apoyando su borde

medio con un movimiento lento, fluido y constante. Esta modalidad se utiliza para trabajar la planta del pie y el área refleja de la médula espinal y la columna vertebral.

Las caminatas pueden ser ascendentes (cuando van desde el talón hacia los dedos) o descendentes (cuando se dirigen hacia el talón). A su vez, pueden combinarse con cualquier otra técnica si se encuentran zonas reflejas congestionadas o doloridas, (ver figura 1).

Estímulos puntuales: pueden realizarse tanto con el pulgar como con el índice. Para estos masajes se debe flexionar la articulación superior del dedo (cualquiera que se haya elegido) en un ángulo de 90° y presionar con su coronilla. Además, debe permanecerse sin realizar ningún movimiento durante 30 segundos y luego realizar pequeños movimientos circulares, (ver figura 2).

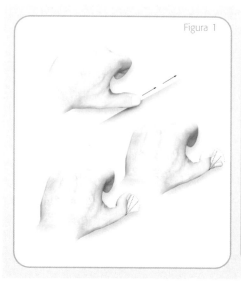

Figura 1

Figura 2

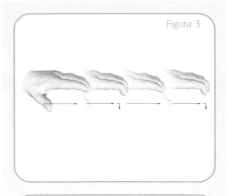

Figura 3

Figura 4

 IMPORTANTE...

Las técnicas de masajes reflexológicos son muchas y variadas. Tanto las caminatas con los dedos, como los estímulos puntuales son sólo un tipo de método a utilizar. En general, los reflexólogos con más experiencia van desarrollando sus propias técnicas a medida que las van aplicando.

Caminata con el índice: se utiliza la misma modalidad de movimiento que para la caminata del pulgar. En esta técnica, se debe apoyar el índice enteramente sobre la coronilla para avanzar en su recorrido. En oposición, el pulgar brinda un punto fijo de apoyo. Se recomienda para reforzar el trabajo en la base de los dedos y en el área refleja de las vértebras cervicales, (ver figura 4).

En el caso de dolores puntuales, la Reflexología posee técnicas de estímulos específicos para cada caso.

Aclaración: el sentido del movimiento puede ser horario (en el sentido de las agujas del reloj) o antihorario (en sentido contrario a las agujas del reloj), según la intención del trabajo. Generalmente se considera que el movimiento en sentido horario contribuye a expandir y el sentido antihorario a concentrar el flujo de energía.

Caminata de todos los dedos: en esta variante, el pulgar se coloca en oposición a los demás dedos y se avanza del mismo modo en que lo hace el índice en su caminata. Se recomienda para estimular áreas amplias, en particular en el dorso del pie, (ver figura 3).

AUTOEJERCICIOS PARA DISTINTOS ÓRGANOS

Tanto el hígado, como los riñones reaccionan favorablemente a la estimulación reflexológica.

Ejercicio para activar **los meridianos del estómago, la vejiga, el hígado, el bazo y la vesícula biliar**: doblar cada uno de los dedos hacia atrás, tratando de hacerlos llegar hasta la parte superior del pie. De esta manera, se destraban los canales de energía que circula en estos órganos y se alienta su correcto funcionamiento, (ver figura 1).

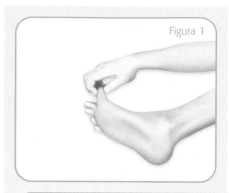

Figura 1

Para regenerar las células óseas se recomienda golpear los talones rítmicamente contra el suelo. Este movimiento estimula el hueso del talón e influye en el recambio de tejido óseo, (ver figura 2).

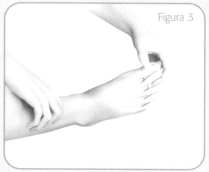

Figura 2

Para activar todos **los meridianos localizados en los pies**, se toma cada uno de los dedos de los pies y se gira en ambas direcciones, (horaria y antihoraria) tironeando con fuerza, (ver figura 3).

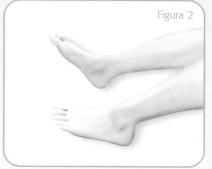

Figura 3

Para estimular **el buen funcionamiento del hígado y el bazo** hay que apretar con fuerza el dedo gordo del pie. El resto de los dedos deben estar asegurados y alineados sobre la parte carnosa de la planta del pie, y luego se debe doblarlos hacia atrás, con excepción del dedo gordo, (ver figura 4).

Aclaración: este ejercicio debe ser realizado al levantarse y antes de acostarse. Después de una ducha fría en los pies, corrige problemas renales, urinarios, sexuales y circulatorios. Resulta muy útil, ya que estimula al mismo tiempo todos los meridianos

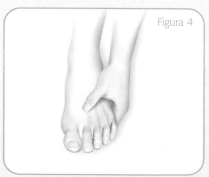

Figura 4

localizados en las extremidades de los miembros inferiores. Otro punto importante se localiza en la parte superior del pie, entre el nacimiento de los dedos cuarto y gordo.

Para activar el sexo se toma cualquiera de los dos talones de modo que apoyen entre la palma de la mano y el pulgar. Luego se introduce profundamente los cuatro dedos restantes. De esta manera se trabajará, además, sobre los dolores renales y la rigidez en las rodillas, (ver figura 1).

Los riñones, la vejiga y las glándulas sexuales son estimuladas pellizcando con fuerza el tendón de Aquiles, (ver figura 2).

Aclaración: si este ejercicio produce dolor, puede ser un síntoma de mal funcionamiento de algún órgano.

DURACIÓN RECOMENDADA

Los terapeutas suelen recomendar que las autosesiones (para jóvenes y adultos) no duren más de 45 minutos

(✱) RECOMENDACIÓN

Los tratamientos de afecciones y dolencias en la vejiga (como por ejemplo, la cistitis) tienen un efecto casi inmediato (aproximadamente en tres sesiones). No obstante, esta zona refleja debe estimularse conjuntamente con la de los riñones, para ayudar a disminuir la producción de ácido úrico.

y el tiempo máximo de estímulo aplicado a cada pie sea de veinte minutos (según la sensibilidad y el seguimiento de cada tratamiento). Las autosesiones de sesenta minutos sólo se aplican en personas que suelen incurrir en cambios bruscos de reacción durante una misma sesión.

Estos sucesos dependerán de la sensibilidad de cada uno, de su capacidad de entrega a la práctica, la confianza y, sobre todo, del estado de relajación logrado en ese tiempo.

Antes de comenzar una sesión de masajes, se recomienda estar lo más relajado posible.

Figura 1

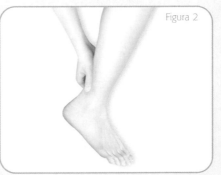

Figura 2

Cuando una zona refleja manifieste extrema sensibilidad, se recomienda esperar unos minutos y retomar suavemente la estimulación.

En términos generales, algunas reacciones típicas tienen que ver con: el adormecimiento de algunas partes, escalofríos, sudoración, sensación de hundimiento, vacío, movimientos involuntarios, visualización de colores, imágenes, temblores, sequedad en la boca, sueño, llanto, risa, cambios en el ritmo respiratorio, suspiros profundos, aumento de frecuencia cardíaca, salivación en abundancia, relajación muscular y profunda.

Ante la posible manifestación de alguno de estos síntomas, los reflexólogos recomiendan permanecer quieto y en calma durante 20 minutos, una vez terminada la sesión de masajes. De esta manera, la persona podrá reponerse sin cambios abruptos.

RECOMENDACIÓN

Un principio básico y simple para tener en cuenta antes de encarar cualquier tipo de autoterapia refleja debe basarse en una premisa: el dolor es la manera natural en la que el organismo comunica la existencia de un problema en su interior. Aunque sean complejos de interpretar, los dolores en las zonas reflejas son las manifestaciones de estas señales. Un trabajo continuo y pausado sobre estos signos ayudará a curar, en gran medida, las afecciones.

Las terapias reflexológicas ayudan a mantener la piel de los pies y las piernas suave y firme.

PRECAUCIÓN Y CUIDADO

De la misma manera que sucede con los puntos en los que trabaja la digitopuntura, las áreas reflejas se sensibilizan o duelen espontáneamente cuando sus respectivos órganos están desequilibrados. Es importante recalcar que la Reflexología, si bien es una terapia de gran ayuda, no reemplaza el cuidado y la observación de nuestro médico de cabecera. Por lo tanto, ante la menor duda que surja **consulte siempre a su médico**.

Las técnicas de tonificación y sedación son las mismas que se utilizan en los puntos de los meridianos: para tonificar se recomienda percutir uave, rápida y repetidamente con la punta dse los dedos. Para sedar, se debe presionar profundamente, lenta y continuamente con el pulgar.

Una de las precauciones a tener en cuenta es esperar entre una hora y una hora y media después de haber comido; esto vale tanto para el terapeuta como para el paciente. Se debe tener en cuenta que los estímulos en las zonas reflejas movilizan todo el cuerpo, lo que puede ocasionar algunas sorpresas, tales como malestar en el estómago, náuseas y vómitos. Todo dependerá de la cantidad de alimentos que se ingiera. Después de una comida, la energía se concentra en el estómago y el estímulo puede generar sensaciones como las que se mencionaron.

Cuando se presentan cuadros febriles con un diagnóstico preciso, se pueden aplicar masajes suaves en las zonas reflejas del organismo. En cambio, si la fiebre tiene relación con algún tipo de infección, es conveniente no estimular la zona, dado que el malestar puede ser producto de alguna reacción particular del organismo. Ante estas situaciones es conveniente que la infección realice su proceso.

MASAJE Y EMBARAZO

Las mujeres embarazadas pueden aplicarse masajes durante todo el embarazo de manera suave y apuntando a las técnicas de relajación. La aplicación de masajes durante el trabajo de parto ayuda a:

• Tranquilizar a las futuras mamás.

• Aumentar las contracciones.

• Facilitar la dilatación del cuello del útero.

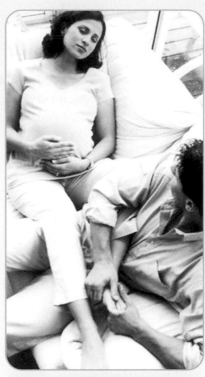

En el caso de personas recientemente operadas, no conviene aplicar masajes reflexológicos.

La Reflexología en embarazadas alivia las típicas contracturas en las piernas, producto del excesivo esfuerzo realizado durante el proceso gestacional.

La Reflexología resulta de gran ayuda para atenuar los dolores del período gestacional.

• Acelerar la recuperación después del parto.

• Estimular la secreción de leche.

• Atenuar las fluctuaciones anímicas naturales y el proceso de cambio corporal, hormonal, emocional y espiritual.

Todas estas indicaciones son válidas siempre y cuando la mujer tenga un proceso normal de embarazo y de puerperio. En casos de amenazas de parto prematuro, problemas de pérdidas, hemorragias y dificultades de tipo físico, no se recomiendan estas prácticas hasta que pase el momento de riesgo y se haya consultado previamente con un profesional.

En todo caso, puede continuarse un tratamiento con técnicas de relajación pero siempre atendiendo la consulta del médico que acompaña el proceso de embarazo.

Los masajes en embarazadas poseen un efecto sedante natural que alivia los dolores provocados por las contracturas.

 ## IMPORTANTE...

Las mujeres embarazadas deben prestar especial atención en el momento de comenzar un tratamiento reflexológico, puesto que están en un estado de mayor sensibilidad.
La recomendación más habitual consiste en aplicar un tiempo moderado de masajes en toda la zona pélvica, ya que esto facilita la adecuada relajación de los músculos que van a realizar posteriormente el trabajo de parto. En estos mismos casos, no se recomienda estimular con masajes la zona específica del útero, ya que esta acción puede provocar contracciones innecesarias y dolorosas.
Sin embargo, si el obstetra lo autoriza, estos estímulos pueden ayudar en el momento del parto.

SUGERENCIAS

En el caso de personas recientemente operadas evite aplicar masajes (salvo que esta prescripción sea indicada por un médico). La situación quirúrgica es suficiente movilización para el organismo como para estimularlo en exceso.

Se recomienda que el paciente haga reposo y espere su recuperación. Los masajes sólo deben ser retomados cuando el médico aconseje la rehabilitación.

EL TRATAMIENTO

EL APOYO DE UN PROFESIONAL

Para encarar seriamente el equilibrio del organismo a través de una terapia de estimulación de las zonas reflejas, es importante tener en cuenta –y conocer– todos los aspectos más relevantes: los requerimientos, las bases y las condiciones.

Al igual que el método médico tradicional, la terapia reflexológica cuenta con una serie de consideraciones necesarias para que el tratamiento pueda realizarse en óptimas condiciones. A continuación veremos algunas de las pautas y requisitos más importantes para tener en cuenta antes de empezar cualquier sistema de curación.

Los reflexólogos profesionales aplican todos sus conocimientos en el tratamiento de una dolencia.

Como primera medida, debe elegirse cuidadosamente el terapeuta; la persona que lo atienda deberá generar un requisito ineludible: la confianza. Si un terapeuta (por más reconocido y prestigioso que sea) no genera confianza es conveniente buscar a otro. Sin embargo, este concepto tiene dos aspectos: el primero se relaciona con la competencia como terapeuta, es decir, sus conocimientos y su capacidad.

El segundo (también muy importante) con la conexión que logre establecer con el paciente. A veces, esta cuestión puede parecer un dato menor, pero no es así. En muchas ocasiones se elige un profesional (quizás por recomendación de un amigo) poco conocido pero con el cual se está muy cómodo y se obtienen excelentes resultados.

Otro punto a tener en cuenta se relaciona con las condiciones de higiene de los pies. En el caso de una terapia completa, son aún más necesarias que en el autotratamiento. Tanto terapeuta como paciente deben comprometerse a extremar todas las condiciones de higiene.

La elección de un reflexólogo profesional debe tomarse a partir de la confianza y el buen trato que se genere con el paciente.

Antes de comenzar cualquier tratamiento, reflexológico es necesario que se realice una entrevista con el profesional, a fin de conocer las causas por las cuales se empieza la terapia.

Ante todo se debe estar física y mentalmente cómodo. Si se tienen sensaciones molestas en la nuca, los hombros o la espalda, hay que manifestarlo de inmediato. De este modo, se proporcionarán los suplementos necesarios que logren el estado deseado. Este mismo concepto debe aplicarse si se siente frío.

Para poder aprovechar mejor las ventajas de la terapia reflexológica es conveniente pensar en el clima, el ambiente, el contexto general que rodea la tarea del terapeuta y su lugar de trabajo.

Si el consultorio posee un clima agradable (música tranquila, ambiente ventilado y aireado, limpio y templado), se amplían las expectativas del paciente, ya que esto facilita la predisposición, la relajación y la profundidad del trabajo.

Suele ser normal que el terapeuta coloque la cabeza y la espalda del paciente en una posición ligeramente

IMPORTANTE...

Una de las ventajas más importantes de la terapia reflexológica consiste en tratar de eliminar las toxinas que se producen en el cuerpo mediante masajes, evitando el uso de drogas. De esta manera se recupera la capacidad inmunológica natural para combatir infecciones.

elevada. Esto se hace así para que puedan observarse mejor las reacciones y las expresiones de la cara (especialmente las señales espontáneas de dolor).

EL TRATAMIENTO

La primera entrevista tiene por objetivo configurar una mirada global sobre la problemática del paciente. Suele pedirse que complete una ficha que registre: datos personales, descripción de dolores y molestias, análisis médicos, radiografías, los medicamentos que reciba y si realiza otras terapias. Estos datos son imprescindibles para pautar las condiciones en las que empezará el tratamiento (los días y la hora por ejemplo). En la misma hoja, se registran las observaciones propias de la evolución de la terapia.

Si bien los resultados dependerán de la problemática específica de cada persona, los beneficios del tratamiento

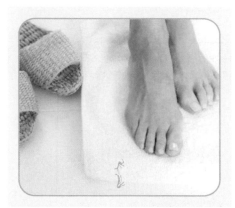

El consultorio donde se realice el tratamiento debe ser un ámbito cálido y confortable.

se observan en un corto tiempo. Al cabo de ocho sesiones se puede empezar a evaluar el trabajo realizado. Luego de este lapso, si se desea, puede suspenderse la terapia.

LA DURACIÓN

La duración de las sesiones depende de varios factores. Uno de ellos es la cantidad de zonas que deban trabajarse. Otro factor será la reacción de los pacientes ante el tratamiento. Generalmente, la primera sesión dura entre 40 minutos y una hora y está especialmente dedicada al diagnóstico.

El terapeuta puede comprobar la cura completa por dos vías:

• En la zona refleja correspondiente ya no se produce ninguna reacción de dolor ante la presión ejercida con el dedo.

• Otros mecanismos de diagnóstico, como radiografías o análisis, también indican la curación.

PRIMEROS EFECTOS

Puede suceder que durante los primeros procedimientos surjan reacciones en el paciente denominadas "crisis curativas". Estos síntomas pueden manifestarse mediante cambios en el estado de ánimo, mayor actividad onírica, cambios en la postura de los pies, emociones y pensamientos diferentes.

Puede producirse, también, el agravamiento de una condición que

existía en el pasado. Estos síntomas **sólo son transitorios**; no obstante es lícito recordar que estas crisis dan cuenta de la fuerza energética del paciente y del compromiso con el trabajo que está llevando adelante.

Los malestares que suelen reaparecer generalmente poseen baja intensidad. Sucede que la apertura y la sensibilidad en la que se encuentra la persona en tratamiento hacen que ponga mayor atención a las sensaciones corporales. En estos casos, es recomendable prestar mucha atención a todas las señales, ya que es posible que este síntoma se resuelva en esta etapa y no reaparezca en el futuro. Esta fase se denomina "proceso de depuración".

El terapeuta debe en todo momento recordar y remarcar al paciente la necesidad de comunicar los cambios en el transcurso de la terapia, sobre todo en las primeras sesiones. Esto le permitirá pautarlas de manera ordenada y modificar el proceso de curación según las indicaciones.

Durante el transcurso de las primeras sesiones reflexológicas, el terapeuta debe comunicar todos los cambios que se produzcan en su paciente.

El reflexólogo y el paciente deben mantener una fluida comunicación durante todo el tratamiento.

Los movimientos efectuados por el terapeuta en el inicio de una sesión deben ser lentos y pausados.

Generalmente los dolores y molestias en las primeras sesiones dan cuenta de la eficiencia de la terapia. Resulta muy común que durante el tratamiento reflexológico se desbloqueen dolores, molestias y emociones desconocidas que estaban en estado latente.
La presión y el masaje sobre determinados puntos descongestionan las zonas para su posterior curación.

La elección de las técnicas se determina según el propósito del trabajo, que en principio consiste en estimular, movilizar, ablandar y relajar la zona, para luego presionar. No es conveniente que se presione directamente, ya que esto puede generar una reacción defensiva en el paciente, que dificultará la distensión en general. La relajación en la que se encuentra el paciente puede ocasionar un descenso en la temperatura del cuerpo, por lo tanto es conveniente tener una manta a mano.

APERTURA DE SESIÓN

Concluida la fase introductoria y de recopilación de información, el terapeuta realizará un reconocimiento del estado general (denominado "impresión óptica") de los pies, que consiste en una exploración de las distintas zonas reflejas.

Sus manos alternarán roles y funciones según la zona del pie que se trabaje. En algunos casos estimularán o sostendrán, según el momento y el proceso de la práctica. Una será la mano de trabajo (con la cual se realice el masaje y la presión) y la otra, la de sostén. La mano de trabajo tendrá como función realizar el estímulo en el área refleja; y la de sostén, sujetar firmemente el pie, manteniéndolo relajado y en su posición natural.

La sesión se iniciará con "el abrazo del pie" que consiste en tomar con las manos la zona metatarsiana y el empeine, invitando al paciente a la relajación. La suavidad y los movimientos lentos permitirán hacer un diagnóstico y evaluar el estado del pie, (ver figuras 1 y 2). En caso de que existan, se evitará estimular zonas de várices, eczemas, inflamaciones, heridas o micosis.

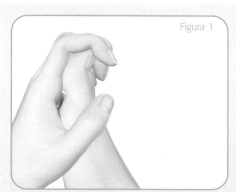
Figura 1

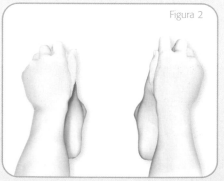
Figura 2

✳ ENSEÑANZA

El denominado "abrazo del pie" es una técnica de apertura de sesión que busca generar confianza en el paciente. La aplicación de esta técnica provoca un *shock* de confianza inmediato en la persona que recibe el masaje.

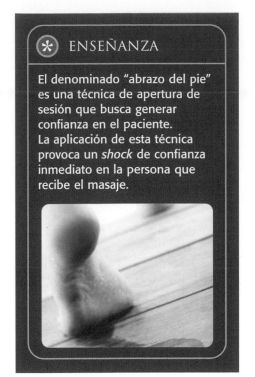

EL DIAGNÓSTICO

El primer paso para una buena terapia es un buen diagnóstico. Para estos fines se suele utilizar una técnica similar a la empleada en el autotratamiento.

La diferencia radicará en que el terapeuta no busca operar sobre una determinada zona, sino reconocer el estado de los órganos y áreas corporales que allí se reflejan.

Prestará especial atención a aquellas zonas en donde se detecten sensaciones desagradables y dolores.

Sin embargo, la palpación por sí misma no permite realizar un diagnóstico completo, sólo brinda una indicación general de los sectores en los que existe un trastorno energético. Estas disfunciones pueden originarse por diversas causas; incluso, pueden indicar el comienzo de alguna enfermedad.

LA OBSERVACIÓN

El objetivo de la observación no se centra en realizar un diagnóstico clínico de la dolencia del pie (por ejemplo, pie plano o micosis), sino en determinar su ubicación en el cuadro de zonas reflejas y los órganos o áreas que influye. Algunos problemas frecuentes de la estructura ósea del pie y su reflejo son:

Una terapia reflexológica responsable comienza con un diagnóstico extenso e intensivo.

• El pie plano influye con sus reflejos negativos sobre toda la columna vertebral.

• El pie espaciado tendrá consecuencias en los órganos respiratorios, el sistema hepático-biliar, el corazón y la estructura ósea del tórax.

• La torcedura articular del dedo gordo hacia el dedo pequeño tendrá reflejos negativos en la cervical, la nuca, la tiroides y el corazón.

• Otras anormalidades de los dedos tendrán reflejos negativos en los órganos de la cabeza y en la dentadura.

• Anormalidades en la estructura ósea de la parte posterior del pie y en los maléolos se reflejan en trastornos de los órganos abdominales y pelvianos (especialmente los intestinos).

IMPORTANTE...

El organismo humano elimina constantemente toxinas. Las células agotadas son reemplazadas continuamente por otras nuevas. Una importante vía de escape para esos "residuos" son los poros de la piel. La Reflexología trabaja para favorecer la sudoración natural del cuerpo y para eliminar impurezas. Es importante recordar que este es siempre un proceso natural del organismo.

EL ESTADO DE LA PIEL

El estudio detallado de la piel del pie puede revelar algunos aspectos relacionados con el carácter y la personalidad de un paciente.

Uno de los principales métodos que le sirven al terapeuta para su diagnóstico consiste en examinar los signos epidérmicos. En la piel, los enrojecimientos, las grietas, los callos, las verrugas, los sabañones y la micosis se reflejarán en los órganos correspondientes a su zona reflejo. En este caso, actúa claramente "la doble vía" de la energía, ya que esas "anormalidades" pueden originarse como reflejo de problemas en los órganos y, a la vez, los agravan.

El estado de la piel del pie revela el carácter de una persona. La descripción de su textura está relacionada con la humedad. Una piel seca es áspera, una piel bien hidratada es suave. La piel es la parte más extensa de nuestro cuerpo y posee millones de receptores que reciben sensaciones todo el

tiempo y en múltiples sentidos. A su vez registra una fuerte sensibilidad y vulnerabilidad.

Cuando un área del cuerpo realiza un apoyo excesivo, la piel desarrolla un tejido más grueso que le sirve de protección ante los roces. Es por esta razón que los puntos sobre los que se descarga habitualmente el peso del cuerpo presentan mayor grosor. Las durezas y callosidades son indicativos de congestión en determinada área y al mismo tiempo pueden afectar el órgano que allí se refleja.

FLEXIBILIDAD

La flexibilidad también es un aspecto importante para la realización del diagnóstico. Para la teoría reflexológica, la carencia de elasticidad en las articulaciones es un claro signo de las dificultades en el plano personal, (ver figura 1).

Las articulaciones unen e integran las distintas partes de la estructura corporal.

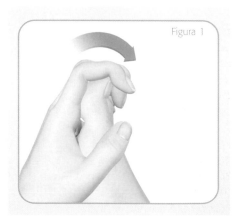

Figura 1

Cuando estas uniones presentan dificultades, las mismas se trasladarán al aspecto emocional. Es decir, una persona con articulaciones flexibles tendrá buena predisposición a los cambios de actitudes y emociones; una persona con articulaciones rígidas tendrá dificultades para los cambios.

TEMPERATURA

La temperatura es un indicador de concentración de la energía. El calor corporal suele variar en función del clima. Representa un movimiento del centro a la periferia y de la periferia al centro, lo cual permite una variable de ajuste en función del contexto en el que se mueve la persona.

En términos generales, se infiere que si el ambiente afectivo en el que la persona se desarrolla es cálido, generará la posibilidad de la apertura de la persona para expandirse y brindarse. Por el contrario, el frío induce a replegarse, a concentrarse, a contener la energía.

COLOR

El color, junto con otros datos, aporta certeros signos acerca de los excesos y las deficiencias de un paciente. Suele cambiar según la edad y el color de la piel. Un color saludable oscila entre el blanco rosado y el beige rosado.

Por ejemplo, si el pie está pálido, puede indicar debilidad, baja energía, apatía o cansancio. En cambio, si se muestra rojo, indica demasiada actividad, ansiedad, estrés.

Un color amarillento puede deberse a una dieta rica en beta caroteno o a trastornos hepáticos; y el color amarronado (si no coincide con el color de la persona) puede advertir sobre trastornos digestivos.

Para la Reflexología, la temperatura es un indicador de la concentración de energía en los pies.

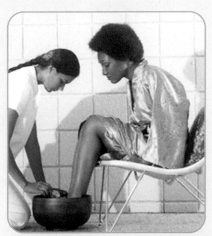

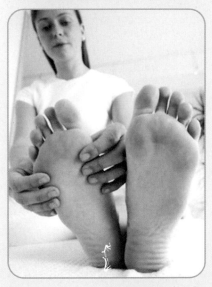

Los reflexólogos detectan y diagnostican las afecciones producidas a raíz de los cambios de color y temperatura.

LOS TRATAMIENTOS ESPECÍFICOS

Para la estimulación refleja de la cabeza y los huesos del cráneo, se debe comenzar los masajes en el dedo gordo del pie.

En muchas ocasiones, los terapeutas focalizan los tratamientos en una dolencia o molestia específica. Este método de acción es utilizado sólo en caso de que los dolores se repitan con constancia y debe incluirse siempre dentro de un tratamiento general, ya que el efecto de la estimulación de las zonas reflejas se logra mediante un conjunto de técnicas. No obstante, si el paciente lo requiere (incluso lo comenta en su primera entrevista), el reflexólogo puede destinar exclusivamente sus intervenciones a atenuar este tipo de trastornos.

En general, las dolencias que suelen manifestarse en los órganos más importantes del cuerpo (corazón, cerebro, pulmones) pueden exteriorizarse mediante otros síntomas (como sucede con el insomnio, el dolor de muelas y la cefalea).

LA CABEZA

La cabeza es la primera zona transversal del cuerpo y se ubica por encima de las clavículas. Por lo tanto, su zona refleja se extiende entre los dedos de los pies, la unión articulada de las falanges y los huesos metatarsianos.

Dentro de este sector, los dedos gordos del pie ocupan una posición destacada, ya que pueden ser considerados como una pequeña reproducción de toda esta franja.

Su parte más carnosa (ubicada del lado plantar del pie) se corresponde con la nuca; mientras que la parte de arriba (ubicada en la punta de las uñas) se corresponde con los órganos de la cara (ojos, nariz, boca, etc.). Por su parte, en las articulaciones entre las falanges se refleja la base del cráneo y el cuello.

En ocasiones el paciente propone sus prioridades sobre las zonas a tratar en la terapia. Sin embargo, debe ser el reflexólogo el que planifique las sesiones.

✱ ENSEÑANZA

Toda la columna vertebral (que se encuentra en el centro exacto del cuerpo y donde se dividen las zonas reflejas) tiene su reflejo en la primera zona transversal de cada pie. Su tratamiento es fundamental para el equilibrio de todos los sistemas corporales.

Entonces, todos los tratamientos en este sector deberán comenzar con un masaje constante y específico en los dedos gordos. Si se masajea correctamente su parte carnosa, se logra una correcta estimulación en la parte posterior del cráneo hasta su base (incluyendo el cerebro).
En cambio, la aplicación de la técnica sobre la parte inferior de las articulaciones actuará sobre la nuca. Cuando el terapeuta trabaja la parte superior se estimula frente, senos maxilares, dientes incisivos y el costado interno de las zonas nasofaríngeas.

TIROIDES

Las zonas reflejas de las tiroides están ubicadas en la articulación de la segunda falange y el primer hueso metatarsiano de los dedos gordos de los pies (sin embargo, la zona refleja completa se extiende hasta el final del metatarso plantar). Después del masaje en los dedos gordos, el tratamiento debe continuar en toda el área. En la parte más carnosa del segundo y tercer dedo (siempre contando a partir del dedo gordo), encontramos el reflejo de los ojos.

Nota: para una referencia exacta y precisa de las zonas reflejas del cuerpo, consultar los gráficos de las páginas 33 y 34.

ÓRGANOS, TEJIDOS Y HUESOS DE LA CARA

En los últimos dos dedos del pie, se ubica la zona refleja de los oídos, mientras que las amígdalas y las vías linfáticas cervicales laterales se encuentran en el intersticio del dedo gordo. Para su estimulación, el terapeuta realiza una marcada y constante presión con el dedo gordo sobre la zona (ver estímulos puntuales en la página 42).

Las zonas superiores de los dedos segundo, tercero, cuarto y quinto repiten el reflejo de los senos frontales, los maxilares y los dientes. La presión y la rotación de cada uno de los dedos descomprime tensiones en la zona de la cara, requiriendo varias sesiones para la correcta aplicación de este efecto.

Los problemas de columna pueden tratarse mediante la estimulación de distintos sectores de la planta del pie.

COLUMNA VERTEBRAL, MÚSCULOS Y ARTICULACIONES

Para tratar dolencias en todo este sector, los terapeutas comienzan con un masaje suave e intenso sobre los dedos de los dos pies, ya que el área de la columna vertebral comienza en los dedos gordos (aproximadamente en la segunda falange); y a su lado (en el costado interno del dedo) se ubica la zona refleja de las vértebras cervicales. Tanto la columna como las siete vértebras cervicales están en el centro del cuerpo; por eso, para influir sobre ellas se masajean ambos dedos.

Una vez tratadas estas zonas, el terapeuta continúa con el cinturón escapular (hombros y antebrazos), reflejado en el lado externo del pie sobre las articulaciones de la última falange del dedo pequeño y el quinto hueso metatarsiano (para una mejor referencia, ver página 33).

Los efectos de un tratamiento reflexológico con terapeuta suelen experimentarse después de la quinta sesión.

A su vez, los dientes se distribuyen de la siguiente manera:

Segundo dedo: segundos incisivos y caninos.

Tercer dedo: premolares.

Cuarto dedo: molares.

Dedo pequeño: muelas de juicio.

En caso de dolores agudos de muelas o dientes, los reflexólogos suelen masajear todos los dedos en conjunto; este estímulo descomprime tensiones y relaja. Sin embargo, la terapia reflexológica sólo atenúa los dolores, nunca suplanta el tratamiento con un odontólogo.

En los cuatro intersticios entre los dedos, se encuentran las zonas reflejas de las vías linfáticas superiores de la cabeza. En esta zona, se recomienda tener precaución al realizar los masajes, ya que son habituales las infecciones de micosis.

ⓘ IMPORTANTE...

Existen disciplinas que basan toda su especificidad sobre el tratamiento de la columna vertebral. La Quiropraxia, por ejemplo, es un sistema terapéutico basado en la teoría de que las enfermedades son consecuencia del trastorno en la inervación de los tejidos. En este sentido, la curación mediante este método puede obtenerse por medio de la manipulación de la columna vertebral.

No obstante, antes deben aplicarse masajes suaves en la planta del pie y el empeine.

El tratamiento de esta zona es muy importante, ya que en ella se reflejan todas las contracturas que nacen en los hombros y la espalda. El masaje debe realizarse sobre las zonas inmediatas del pie (que abarca las articulaciones de los dedos y los cinco huesos metatarsianos) siguiendo siempre la misma secuencia: planta, empeine y lados externos.

El siguiente paso es el tratamiento de las zonas correspondientes a las vértebras torácicas, el esternón y los antebrazos. Estos tejidos óseos se reflejan en el lado interno del pie, a lo largo del primer hueso metatarsiano. Se masajea desde la planta hacia el lado interno.

La zona refleja del esternón se ubica en el dorso del pie (en el costado interno del primer hueso metatarsiano). El reflejo de los brazos está a lo largo del quinto hueso metatarsiano, paralelo a la zona de las vértebras torácicas, pero del lado externo del pie. La dirección correcta del masaje debe ser desde la planta hacia el lado externo.

El tratamiento continúa con la tercera zona transversal del cuerpo (ubicada entre el arco costal y el músculo inferior de la pelvis); incluye las vértebras lumbares, el hueso sacro y el coxis. Estos tejidos óseos se reflejan en el costado interno del pie (junto al primer hueso cuneiforme, el escafoides y el astrágalo) y se masajean desde la planta hacia el lado interno.

A su vez, el reflejo de las cavidades abdominal y pelviana comienza en el lado interno inferior (el astrágalo), pasa por el calcáneo y llega hasta el cuboides. Del lado interno del pie, debajo del maléolo, se refleja el pubis (en forma de medialuna). El sector torácico y las costillas se trabajan en el empeine, continuando el masaje en los lados interno y externo del pie.

Con relación a la musculatura, la parte abdominal se trata sobre el empeine, del lado opuesto al que describimos para el arco costal (sobre los huesos cuneiformes, el escafoides y el astrágalo) hacia el lado externo del pie. La musculatura de los glúteos se refleja en el sector calcáneo y una parte del astrágalo. La articulación de la cadera se trata sobre el empeine, en el maléolo externo (también aparece con forma de media luna, del lado externo).

Algunos tipos de masajes pueden mejorar la capacidad aeróbica.

El tratamiento de la zona refleja de los pulmones ayuda a combatir resfríos y sinusitis.

Los trastornos cardíacos pueden ser tratados con masajes en la zona refleja del corazón.

Recomendación práctica: aunque las zonas reflejas terminan en los maléolos, si se masajea la parte inferior de las piernas, se logra un efecto sobre rodillas y muslos. El masaje debe abarcar los lados interno y externo de las piernas.

VÍAS RESPIRATORIAS

Las zonas reflejas de las vías respiratorias son fáciles de abarcar. Su estímulo debe comenzar sobre la parte superior del dedo gordo (correspondiente a la región nasofaríngea) y continuar luego en el empeine (la tráquea y los bronquios).

Los masajes reflejos del corazón sólo deben ser efectuados por profesionales con años de experiencia en la práctica.

La dirección correcta del masaje empieza en el intersticio del dedo gordo y el siguiente y continúa sobre el segundo hueso metatarsiano. Por último, se llega a la zona refleja de los pulmones que abarca casi todos los huesos metatarsianos sobre la planta del pie.

EL CORAZÓN

La zona refleja del corazón se encuentra en ambos pies en la unión dorsal del dedo gordo con el primer hueso metatarsiano. Sin embargo, la zona izquierda abarca una superficie más grande que la diestra, debido a que su ubicación en el cuerpo se encuentra mayormente sobre ese costado. Además, sobre este mismo pie se ubica la llamada "zona de referencia" (área que refleja las arterias coronarias que rodean y suministran sangre al músculo cardíaco) y que en muchos casos es en donde se originan numerosos trastornos. **Nota:** resulta común que los pacientes ubiquen sus molestias cardíacas sobre el costado izquierdo del pecho.

Se debe comenzar el masaje en la zona opuesta a la zona refleja cardíaca (mediante suaves caminatas con el dedo pulgar) y luego subir por el costado hacia el empeine, para masajear la zona del corazón propiamente dicha.

El masaje de las zonas de referencia tiene el mismo efecto que el del órgano propiamente dicho. Para evitar reacciones muy fuertes, siempre deben trabajarse estas zonas con mucho cuidado. No obstante, un efectivo tratamiento abarcará tanto la zona de referencia como la cardíaca.

APLICACIONES Y FUNCIONES

TRATAMIENTO PARA DOLENCIAS COTIDIANAS

El tratamiento a partir de la estimulación de las zonas reflejas ayuda a prevenir posibles dolores y contracturas, producto de la agitación y la mala estimulación provocadas por la contaminación de las ciudades.

La reducción del estrés y los dolores musculares previene notablemente la posibilidad de contraer enfermedades y lesiones en órganos y tejidos. Los métodos reflexológicos contribuyen también a aflojar o destrabar las zonas conflictivas y de bloqueo energético.

No obstante, para poder acceder a este tipo de procedimientos, es preciso realizar el mismo proceso de investigación y diagnóstico que cuando se comienza un tratamiento extensivo.

Como se explicó en páginas anteriores, la Reflexología es una disciplina holística que tiene en cuenta el "todo" antes que sus partes (es decir las emociones, las características físicas, mentales y espirituales de los seres humanos). Por eso, aunque se comience una terapia solamente para tratar dolencias en la espalda o en el cuello, el reflexólogo igualmente investigará todas las posibles derivaciones (tanto físicas como espirituales) de las molestias.

Los pies constituyen una importante zona energética.

Si se tienen en cuenta este tipo de recomendaciones y se llevan a cabo todos los pasos indicados en la forma correcta, pueden tratarse algunas molestias específicas (insomnio, contracturas de las cervicales o dolor de espalda) que complican el discurrir de la vida cotidiana.

Cuello y cervicales: tanto el cuello como las vértebras cervicales suelen ser una recurrente zona de contracturas (para personas que pasan la mayoría de las horas del día trabajando sentados).

Para lograr una correcta relajación de estos sectores, se debe comenzar a trabajar sobre el pie izquierdo. En este caso, la mano izquierda sostiene la articulación metatarso-falángica del

La Reflexología es un excelente complemento para los tratamientos médicos tradicionales, ya que ayuda a relajar y a equilibrar el organismo.

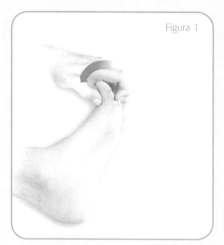

Figura 1

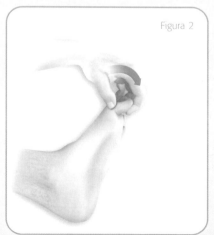

Figura 2

dedo 1 y realiza cuidadosos movimientos desde la planta y hacia el dorso, (ver figuras 1 y 2).

Luego, se repite la misma operación, y se estimula las articulaciones de los dedos 2, 3, y 4. Los movimientos deben ser lentos, suaves, fluidos y continuos.

Aclaración: tener en cuenta que cuando se llegue al dedo 5, probablemente se necesite cambiar de mano para sujetar la articulación.

El tiempo de movilización de los dedos del pie debe durar aproximadamente 4 ó 5 minutos. Luego, con el dedo índice de la mano se aplica la técnica de **rolar** (dar vueltas en círculos) en la coronilla del dedo 1 (aproximadamente 90 segundos). Una vez terminada esta operación, debe aplicarse en el resto de los dedos (en este caso aplicando el toque 30 segundos).

Recomendación práctica: es preciso tener la precaución de sostener cada dedo por la articulación interfalángica que está más cerca de la coronilla y presionar levemente hacia arriba.

Para completar todo el proceso, se recomienda realizar una caminata con los dedos índices por la zona refleja de las vértebras cervicales, por el lapso temporal de 2 minutos.

El tiempo estimado de duración es de 20 (si se experimentan dolores muy fuertes) a 30 minutos (si no se padecen fuertes afecciones). Una vez terminado el masaje en el pie izquierdo, debe repetirse la misma secuencia con el derecho.

✳ ENSEÑANZA

Cuando los dolores de oídos son muy intensos, es aconsejable estimular con suavidad su zona refleja. Se debe realizar un masaje suave en el pie izquierdo para detectar el área en donde está el problema (que se ubicará según las características de cada dolencia). Luego, presionar con el pulgar de la mano derecha específicamente en ese punto, hasta que la congestión energética se ablande. Repetir la operación en el pie derecho.

Aclaración: al llegar al dedo 5, probablemente sea necesario cambiar de mano para sujetar la articulación. El tiempo recomendado para la movilización de todos los dedos es de 4 minutos.

Para afianzar todos los efectos del proceso, es conveniente realizar caminatas horizontales con el pulgar en la articulación interfalángica del dedo gordo (que se corresponde con la zona refleja de la base del cráneo y los maxilares) y por todas las articulaciones interfalángicas de los dedos, ya que ellas se corresponden con las áreas reflejas de dientes, muelas, ojos y oídos.

Recomendación práctica: cada caminata exige una estimulación de 30 segundos como mínimo. En las áreas doloridas o congestionadas hay que detenerse y efectuar presiones puntuales. Más tarde, pasar al otro pie para realizar los mismos ejercicios.

Tanto el cuello como las cervicales son sectores que acumulan contracciones musculares.

Dolor de muelas, oídos y cansancio ocular: generalmente, este tipo de molestias suele prolongarse por el resto de las zonas de la boca y la cabeza. Para atenuarlo, se comienza a trabajar con el pie izquierdo. Con la mano izquierda se sostiene la articulación metatarso-falángica del dedo 1 (este dedo tiene una articulación interfalángica y el resto tiene dos) y se lo moviliza cuidadosamente en dirección hacia la planta y el dorso. Luego se sostienen las articulaciones de los dedos 2, 3 y 4 y se repite la misma operación (las flexiones deben ser lentas y continuas).

Recuerde que la terapia reflexológica sobre dientes y muelas no reemplaza al tatamiento odontológico.

El tratamiento continuo y prolongado con Reflexología ayuda a reducir el insomnio.

Insomnio: las causas más comunes que provocan este tipo de trastorno suelen ser contracturas y tensiones musculares. Una terapia de estimulación refleja ayuda a mejorar la irrigación sanguínea en las zonas afectadas y a promover la correcta circulación de la energía.

La técnica comienza con la movilización del pie izquierdo. Sin forzar ningún movimiento, se sostiene con la mano izquierda la articulación metatarso-falángica del dedo 1 y se lo moviliza cuidadosamente en dirección a la planta y al dorso (siempre respetando la movilidad natural que cada dedo posea). Luego se sostienen las articulaciones de los dedos 2, 3, 4 y 5 y se repite la misma operación durante 4 ó 5 minutos.
Los movimientos deben ser lentos y continuos, (ver figura 1 y 2).

Aclaración: al llegar al dedo 5, probablemente sea necesario cambiar de mano para sujetar la articulación.

Se continúa con la aplicación de la técnica de presión sobre el pie izquierdo. Para eso, hay que voltear con el índice y estimular la coronilla del dedo 1 entre 60 y 90 segundos. Luego, repetir en el resto de los dedos aplicando el toque 30 segundos en cada uno. Es conveniente tener la precaución de sostener cada dedo por la articulación interfalángica que está más cerca de la coronilla, tirando levemente hacia arriba.
Esta etapa finaliza con una suave caminata con todos los dedos (de aproximadamente tres minutos) sobre toda el área refleja de la columna vertebral, (ver figura 3).

El siguiente paso consiste en sostener con la mano derecha el talón del pie izquierdo (calzando el pulgar debajo del maléolo externo). Los dedos restantes quedan del lado interno del talón. A su vez, la palma inferior de la mano izquierda se apoya cubriendo la zona del colchón metatarsiano.

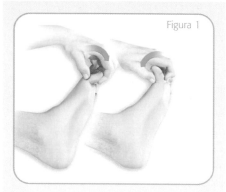

Figura 1

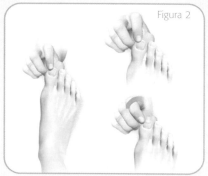

Figura 2

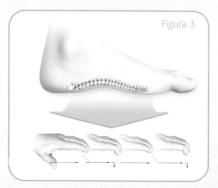

Figura 3

Ubicadas correctamente en esta posición, las manos deben realizar al unísono un movimiento de oposición: la mano izquierda empuja suavemente el pie en dirección al pecho del paciente; y la derecha lleva el talón en dirección al terapeuta. La aplicación de este movimiento se denomina "flexión dorsal/plantar". Para realizarlo correctamente hay que alternar movimientos lentos y fluidos.

Una vez finalizada la tarea con el pie izquierdo, se pasa al derecho. Este tratamiento debe durar aproximadamente 30 minutos.

Tensión en hombros y espalda: para trabajar sobre estos sectores ambas manos deben sostener y movilizar continuamente; la izquierda sostiene la articulación metatarso-falángica (donde suele aparecer el llamado juanete del dedo gordo) y la derecha, la articulación metatarso falángica del dedo 2. Los pulgares se apoyan en la planta del pie y los demás dedos se apoyan (sin presionar) en el dorso.

De manera suave y lenta, se movilizan varias veces hacia atrás y adelante en direcciones opuestas. Luego se repite la misma operación en las articulaciones 2ª, 3ª,4ª y 5ª.

Aclaración: en el caso de que exista mucha tensión en la zona de los hombros, será preciso dedicar más tiempo a las articulaciones 4ª y 5ª. En cambio, si el problema es respiratorio, se profundizará la movilización de las primeras cuatro articulaciones, aproximadamente durante 4 minutos, (ver figura 1 y 2).

Luego, se colocan ambas manos en posición paralela y se calzan cubriendo el reflejo de las vértebras lumbares y dorsales sobre el borde interno del pie. Cuidar de que los dos pulgares queden unidos en la planta y los dedos índices en el dorso, (ver figura 3).

Figura 1

Figura 2

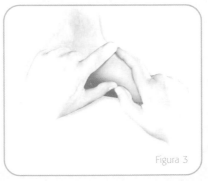
Figura 3

El ambiente en donde se desarrolla la terapia reflexológica debe ser cálido y cómodo.

Los masajes reflexológicos de dispersión son aquellos que ayudan a que la concentración de energía se expanda por todo el cuerpo.

ⓘ IMPORTANTE...

Cuando el dolor en el cuerpo no se corresponde con el dolor existente en el área refleja del pie, básicamente pueden ocurrir dos cosas: que el síntoma tenga origen en otra área y que se manifieste como problemática en el pie; o bien que la vía de conexión entre el área y el órgano esté dormida.
En cualquiera de los dos casos, se trabajará sobre el área (aproximadamente 15 minutos) con movimientos circulares del pulgar desde la periferia hacia el centro, hasta cubrir toda el área.

En los casos en los que el paciente no logra explicar con precisión la causa de su molestia, es posible que ello manifieste un problema latente. Sin embargo, la teoría reflexológica considera que cualquier dolor en el pie está relacionado con otro dolor en el cuerpo.

La mayoría de los dolores musculares pueden atenuarse mediante suaves masajes en los pies.

Tanto las "caminatas" como el trabajo puntual resultan excelentes opciones para destrabar dolencias ocultas. El modo de accionar estas zonas es mediante una combinación de caminatas y estímulos puntuales.

Por ejemplo: el pulgar aplica un estímulo fijo durante treinta segundos aproximadamente. Más tarde se continúa con un movimiento circular desde el centro del dolor hacia la periferia. Este movimiento se llama "dispersión" y con él se efectúa una presión fuerte con movimiento lento y continuo durante un lapso no mayor de noventa segundos.

Generalmente, la dispersión ayuda a limpiar los poros de la piel del pie permitiendo que el sudor tenga una óptima salida hacia el exterior, liberando toxinas e impurezas.

CONSEJOS ÚTILES

CLAVES PARA UN BUEN TRATAMIENTO

Existe una gran cantidad de opciones para mantener (incluso amplificar) los efectos provocados por la terapia reflexológica. Son tareas simples y fáciles, pero deben ser realizadas todos los días para que su acción sea realmente eficaz.

El consejo primordial (aunque muchas veces no se lo tenga en cuenta) es mantener un buen estado. Es decir, evitar la vida sedentaria y realizar actividad física todos los días. Ningún tipo de terapia (ya sea médica, holística o reflexológica) puede suplantar la falta de movimiento.

La práctica constante de cualquier tipo de deporte hace que la energía circule por el cuerpo y desbloquee todos los centros energéticos obstruidos. Asimismo, las zonas reflejas de los pies experimentan notorias mejorías cuando reciben estímulos periódicos y

constantes, provocados por algún tipo de actividad física que propicie la adecuada circulación de la energía.

Aclaración: si se tiene en cuenta los preceptos de la disciplina, antes de comenzar cualquier tipo de actividad es necesario consultar con un reflexólogo qué tipo de calzado cubre mejor los requerimientos de la actividad a realizar. Sin embargo, cada caso en particular tiene sus especificidades y recomendaciones. Existen diferentes métodos que pueden resultar beneficiosos y complementar las terapias de movilización refleja.

La Reflexología puede ser una excelente opción para aliviar las torceduras provocadas por la actividad física intensa.

LA REFLEXOLOGÍA EN LAS MANOS

Una de las variantes más populares de la Reflexología es la que se aplica a las manos. Al igual que los pies, esta zona posee un mapa detallado y específico de todos los puntos reflejos del cuerpo, así como también un conjunto de técnicas y reglas específicas para la correcta aplicación de masajes.

La primera mitad asegura el estado de relajación en el paciente. Y en el lapso que resta, el masaje posibilita la renovación de energía, el alivio de dolores que ayuda a descomprimir los sentimientos.

Las patologías que pueden tratarse con la Reflexología en manos son:

• Deficiencias del sistema inmunológico.

• Fatiga crónica.

• Inflamaciones en las articulaciones.

• Problemas de piel: eczemas, soriasis.

• Ojos doloridos o cansados, glaucoma, cataratas, conjuntivitis.

• Pólipos, catarros, alergias o resfríos.

• Dolencias o molestias en los oídos, tales como zumbido.

• Vértigo y mareos.

• Hiperventilación y ataques de pánico.

• Problemas respiratorios, tos, asma, bronquitis, enfisema, pleuresía.

• Cistitis, retención de líquidos e incontinencia.

• Estreñimiento, diarrea, divertículos, colon irritable y colitis.

• Irregularidades menstruales y quistes de útero.

• Jaquecas.

• Menopausia.

Generalmente, la Reflexología de las manos se recomienda para tratamientos de menor duración.

La fatiga crónica se puede combatir a través de tratamientos breves pero intensos en las manos.

LOS MASAJES DURANTE EL EMBARAZO

El embarazo es uno de los períodos más especiales en la vida de una mujer. Su cuerpo experimenta cambios en el metabolismo, la estructura ósea y el útero. La mayoría de estas modificaciones suelen darse en varios niveles: estructural, psicológico, físico y espiritual.

Los masajes y la estimulación constante de las zonas reflejas reducen las molestias que el peso del bebé genera en la madre y las transformaciones hormonales producidas en el organismo.

Además, ayudan a relajar física y emocionalmente a la madre, a la vez que restablecen las energías corporales (disminuidas generalmente por el cansancio acumulado durante el día), estimulan el sistema glandular y estabilizan las hormonas.

Mejoran la circulación sanguínea, permitiendo que la presión del cuerpo se mantenga en equilibrio.
Un beneficio que también conduce más oxígeno y nutrientes a las células que alimentan al bebé.

Las mujeres embarazadas que están preparadas para recibir Reflexología (siempre y cuando el médico de cabecera lo haya autorizado) obtendrán una ayuda adicional para eliminar los líquidos y toxinas retenidos en el cuerpo. Finalmente, los masajes otorgados a futuras mamás aumentarán la elasticidad en la piel, disminuyendo el riesgo de padecer estrías.

Sin embargo, antes de iniciar cualquier tratamiento alternativo, la futura madre debe consultar a su obstetra. Jamás se debe iniciar un tratamiento de estas características sin el consentimiento del médico de cabecera.

PRECAUCIONES Y RECOMENDACIONES

La primera cuestión es seleccionar un profesional con experiencia en la materia, ya que el estado de gravidez implica consideraciones a tener en cuenta, que exceden los cuadros convencionales para la práctica de la Reflexología.

Por tal motivo, conviene advertir que, en el caso de embarazadas que

necesitan cuidados especiales, la práctica reflexológica es aconsejable sólo bajo la tutela del médico de cabecera. En estos casos, se debe tener especial cuidado, ya que los riesgos pueden ser mayores.
Esta misma recomendación se aplica para casos de: problemas de placenta, toxemia, diabetes gestacional, presión alta o irritaciones en la piel.

De todas maneras, los masajes que hayan sido autorizados deben realizarse evitando la presión en órganos y áreas afectadas. No deberían recibirlo las embarazadas con problemas de riñones o vejiga o que sufren de venas varicosas severas. Es importante, también, tener en cuenta este punto, dado que el período gestacional es propicio al desarrollo y a la expansión de esta patología.

El masaje reflexológico para embarazadas ayuda a mejorar la irrigación sanguínea durante el proceso de gestación. No obstante, su aplicación debe estar autorizada por el obstetra.

En el caso de mujeres embarazadas, se recomienda que la duración de la terapia reflexológica sea de 40 minutos.

La terapia reflexológica es ideal para tratar algunos síntomas comunes de la etapa menopáusica, como por ejemplo, insomnio y dolores del nervio ciático.

La duración recomendada de una sesión debe ser de 40 minutos. Durante ese período la paciente estará acostada (generalmente priorizando alguno de los lados) en posición cómoda.

En el caso de embarazos avanzados (después de los 7 meses), el terapeuta deberá colocar almohadas para acomodar el estómago.

Recomendación práctica: cubrir con una manta a la paciente para atenuar el efecto de descenso de la temperatura corporal, provocado por el masaje reflexológico y la relajación.

(I) IMPORTANTE...

Los tratamientos pregestacionales denominados trabajo de parto son técnicas combinadas de respiración, gimnasia y masajes. Este tipo de ayuda resulta vital para el momento del nacimiento del bebé. De una manera similar, los distintos tipos de Reflexología (auricular, podal, abdominal, etc) combinados pueden ayudar a restablecer y equilibrar todas las funciones glandulares que se ven desbordadas debido al esfuerzo que el organismo realiza. No obstante, nunca se debe aplicar estos estímulos sin antes realizar un extenso análisis, tanto en el cuerpo de la madre como en el del bebé.

REFLEXOLOGÍA Y MENOPAUSIA

La menopausia es una etapa en la vida de la mujer en la cual se experimentan grandes cambios hormonales, estructurales y metabólicos. Las distintas variantes técnicas que ofrece la Reflexología ayudan a acompañar el conflictivo proceso que representan estas transformaciones. Su objetivo principal apunta a mantener la armonía corporal y mental en sintonía con las modificaciones naturales del proceso.

Generalmente, los estados de relajación sobre los que trabaja la Reflexología conectan a la persona con sus propios cambios. Esto no es privativo de la menopausia, ya que la Reflexología es una modalidad de trabajo con uno mismo, apta para cualquier etapa de la vida.

Los síntomas propios de la etapa menopáusica (dolores del nervio ciático, problemas sexuales, síntomas de estrés, insomnio y otras alteraciones del sueño) pueden ser tratados con una suave técnica de presión.

La menopausia implica un punto de inflexión para la mujer, ya que en muchas ocasiones se la interpreta como la puerta de entrada a la vejez.

Es un proceso de maduración interior durante el cual se produce la última menstruación, marcando el final de la función reproductiva.

Para vivir este período plenamente, debemos ser conscientes de los cambios anímicos que pueden surgir, sin que ello paralice la posibilidad de disfrutar la historia personal y del extenso recorrido realizado. Es un buen momento para tomar conciencia, para disfrutar de cuestiones distintas; para colocar la energía en la vida de una forma diferente y para conectarse con otros intereses.

La angustia prematura frente a las señales de envejecimiento y la preocupación excesiva por nuestra salud son algunos estados anímicos que pueden presentarse.

Con frecuencia se acepta como inevitable una cierta declinación de la salud psíquica y física, aún antes de que hayan aparecido los síntomas.

La Reflexología ayuda a estabilizar los cambios de ánimo que se producen en la menopausia.

No obstante, con la menopausia algunas de las afecciones que pueden presentarse son: dolores reumáticos, lumbago, ciática y artrosis. Además se extienden las várices, la respiración entrecortada, la pérdida de la memoria, se ralentizan los razonamientos, se pierde el interés por muchas cosas y se duerme poco y muchas veces mal.

En este sentido, la Reflexología trabaja con cada uno de los puntos del cuerpo (a través del auto reconocimiento del paciente) y con un conjunto de fuerzas vitales para producir amplios cambios de dirección y disminución de los efectos metabólicos.

En esta etapa de la vida, ayuda, además a encontrar una solución a estas dolencias, a través del tratamiento con profesionales responsables y con la autorización previa del médico de cabecera.

La Reflexología trabaja con cada uno de los puntos del cuerpo para atenuar de los efectos metabólicos provocados por la menopausia.

SUGERENCIAS

La Reflexología auricular es una disciplina estrechamente relacionada con la Acupuntura China.

Algunos ejercicios simples se pueden realizar cotidianamente en la oficina o mirando televisión. Por ejemplo:

• Para activar todos los puntos localizados en los pies: girar los dedos en ambas direcciones, tironeando con fuerza, pero sin forzar, ni hacer doler.

• Dada la gran cantidad de puntos que hay en los pies, es importantísimo el masaje en la planta, sencillamente con la palma de la mano y presionando suavemente a lo largo de toda la planta del pie.

• Para estimular todo el organismo: pequeñas palmaditas en la planta de los pies.

En la actualidad, la Reflexología se usa en clínicas y hospitales de varios países del mundo (Dinamarca, Suecia, Finlandia, Israel, Estados Unidos) como terapia complementaria de la medicina porque ha respondido satisfactoriamente a problemas como:

• Artrosis.

• Fibrosis.

• Dolor de cabeza, migrañas.

• Alergias.

• Problemas digestivos.

• Lesiones musculares.

• Problemas neurológicos.

LA REFLEXOLOGÍA DE LAS OREJAS

En las últimas décadas el campo de acción de la Reflexología experimentó una gran expansión. Gracias al aporte de elementos de otras terapias alternativas (y sobre la base de algunas de sus técnicas), se implementaron exitosos tratamientos en áreas en donde la Reflexología convencional no solía hacerlo.

Una de estas nuevas áreas es la oreja una técnica que aplica las bases de la Reflexología sobre algunos puntos específicos de los pabellones auriculares.

Este método suele asociarse con dos técnicas íntimamente relacionadas: la Auriculoterapia y la Acupuntura auricular. De hecho, la Reflexología auricular tomó sus bases de la Auriculoterapia, una técnica estructurada y codificada en 1951 por el médico francés Paul Nogier (1908-1996).

El estudio de las zonas reflejas auriculares permite realizar diagnósticos médicos precisos.

Al igual que la Acupuntura china, la Auriculoterapia se basa en el principio fisiológico del reflejo: es la respuesta ordenada del organismo a un impulso externo o interno y procesado luego por el sistema nervioso central.

Dichos puntos están relacionados con cada órgano del cuerpo humano. La Auriculoterapia, base de la Reflexología auricular, suele aplicarse cuando una zona del cuerpo se desequilibra, ya que esos puntos o zonas biológicas activas sólo pueden detectarse cuando el organismo está alterado en extremo.

Cuando esto sucede, dichas zonas molestan levemente cuando se los toca, porque la corriente eléctrica de ese punto (que supone un sistema nervioso en estado óptimo) está modificada. En estos casos, el terapeuta dispersa la energía que acumulan esos sectores biológicamente activos.

La Reflexología auricular, además de aplicarse con las manos, también hace uso de semillas (en lugar de las yemas de las manos) para ejercer presión. En algunos casos, aplica agujas como lo hace el método milenario chino de la acupuntura.

Una ventaja de que los puntos auriculares sólo existan en situaciones de alteración patológica o enfermedad es que este método puede emplearse para realizar diagnósticos.

Con la Reflexología auricular es posible producir mejorías o, a veces, atenuar los síntomas en pacientes que sufren:

- Migrañas.

- Alergias.

- Dolores articulares.

- Estreñimiento.

- Dolores de las vísceras, palpitaciones, sudoración.

- Impotencia, leucorrea, menstruación irregular, dismenorrea.

- Asma.

- Fiebre hipotérmica.

- Insuficiencia láctea.

- Tiroides.

- Próstata.

- Dispepsia.

- Dolor de cintura.

Las terapias con Reflexología auricular son eficaces en el tratamiento de migrañas y dolores articulares.

Por el contrario, intentará confeccionar un plan armónico y coherente con las necesidades físicas, mentales y espirituales de cada una de las personas que lo consulten.

En conclusión, la Reflexología brinda muchas más posibilidades de obtener beneficios en torno a la salud, que de verse perjudicado por esta práctica, ya que resulta inocua. Cuando un tratamiento no produce el efecto deseado, se buscan siempre caminos y propuestas diferentes para alcanzar la salud del paciente: porque ésa es su máxima prioridad. De esta manera, se regenera el vínculo paciente/terapeuta y se fortalece la confianza en el proceso de curación.

Muchas veces en los medios gráficos o en la televisión se observan publicidades que prometen eliminar el hábito de consumir tabaco con sólo una entrevista de treinta minutos; o bien ofrecen planes (en este caso sí realmente milagrosos) con los cuales bajar de peso en una semana. En la mayoría de estos casos se especula con la buena predisposición de las personas y, lo que es peor, se daña la salud.

La terapia de estimulación de las zonas reflejas tiene una meta clara: tratar de conocer de forma global todas las posibles influencias (problemas psíquicos, físicos, emocionales, familiares, etc.) que hacen que una persona se encuentre enferma. Un reflexólogo que siga correctamente todos los pasos que propone esta práctica nunca pronosticará soluciones mágicas e inmediatas.

DOSSIER

REFLEXOLOGÍA ANTI-AGE

REFLEXOLOGÍA ANTI-AGE

SUGERENCIAS PARA SENTIRNOS SIEMPRE JÓVENES Y SALUDABLES

La terapia reflexológica realiza grandes aportes en la lucha contra el envejecimiento de la piel. La aplicación periódica de masajes reduce notablemente la aparición de arrugas y marcas de expresión.

En la actualidad, la cosmetología moderna necesita del apoyo de otros tratamientos para que sus efectos rejuvenecedores sean realmente eficaces. En este sentido, los masajes reflexológicos faciales ayudan a lograr un cutis lozano, vital y saludable.

Su técnica es ideal para oxigenar las células, activar la circulación y favorecer la absorción de cremas humectantes y de limpieza. De esta manera, se retrasa la aparición de arrugas surgidas como producto del estrés cotidiano y la edad.

Además, la estimulación de las zonas reflejas en el rostro ayuda a que otros sectores del cuerpo puedan funcionar correctamente. Básicamente, existen 5 tipos de masajes para atenuar los efectos del tiempo en el rostro:

1. Apertura general:

- Para calentar la zona a tratar, se debe apoyar suavemente las palmas de las manos sobre la cara y el cuello.

- Luego, realizar movimientos en forma de tecleo, primero en dirección vertical y luego en dirección horizontal.

2. Masajes para la nariz:

- Colocar los dedos índice enfrentados a los costados de las fosas nasales.

- Masajear en dirección a la frente pasando por el surco naso geniano.

- Terminar con suaves golpecitos en los músculos que rodean la nariz.

La aplicación de masajes reflexológicos faciales retarda la aparición de arrugas y marcas de expresión.

La aplicación gradual de masajes reflexológicos anti-age favorece la irrigación sanguínea en el rostro.

3. Masajes para la frente:

• Realizar un tecleo suave con ambas manos, desde el centro hacia las sienes.

• Aplicar, con la yema de los dedos, un movimiento circular desde el centro de la frente hacia las sienes.

• Con los dedos índice, trabajar en forma de zigzag sobre toda la frente. Comenzar en el inicio de las cejas y terminar sobre el nacimiento del cabello.

4. Masajes para mejillas:

• Desde el extremo de los labios hasta el lóbulo de las orejas, efectuar golpeteos alternadamente con ambas manos sobre los músculos que cubren esta zona del rostro.

• Continuar presionando sobre los pómulos y deslizando las manos hacia las sienes.

• Por último, realizar un tecleo circular en la mejilla y el labio superior.

5. Masajes para párpados:

• Comenzar con un tecleo muy suave en forma circular alrededor de los párpados.

• Luego se realiza un suave roce con el dedo índice sobre los párpados inferior y superior.

• Con los dedos índice y mayor ubicados sobre las sienes, ejercer una suave presión con un movimiento circular sin levantar los dedos de la zona.

MASAJE CON ACEITE PARA TODO EL CUERPO

El masaje con aceites preparados es una antigua práctica terapéutica desarrollada en la India. Su campo de acción se extiende a diversas disciplinas curativas y muchos de sus principios teóricos fueron utilizados posteriormente para desarrollar las bases de la Reflexología.

Su aplicación diaria sólo requiere entre cinco y diez minutos; y ayuda a purificar todas las funciones más importantes del organismo si se lo realiza por la mañana cinco minutos antes de bañarse.

Si se aplica con aceite tibio de sésamo (rico en muchas vitaminas), nutre y humecta la piel, creando una capa que impide el paso de toxinas y energías negativas. Además, su empleo constante estimula la circulación, ayuda a eliminar las impurezas de todo el cuerpo, a la vez que provoca efectos sedantes.

Al entrar en contacto con la piel, el aceite genera una sensación de placidez.

APLICACIÓN DEL MASAJE CON ACEITE

El aceite de sésamo como complemento de los masajes produce excelentes resultados en el combate diario contra el estrés. Para su aplicación correcta, debe calentarse primero y enfriar después para de esta manera facilitar su absorción en las áreas de trabajo.

Modo de empleo: usar la palma abierta de la mano (nunca la punta de los dedos) para masajear todo el cuerpo. En general, se aplican movimientos circulares en las zonas redondeadas (articulaciones, cabeza) y movimientos rectos en las zonas rectas (cuello y extremidades).

Comenzar por la cabeza. Verter una pequeña cantidad de aceite en las manos y masajear vigorosamente el cuero cabelludo. Con la parte plana de las manos, hacer movimientos circulares para cubrir toda la cabeza.

Se debe dedicar más tiempo que a cualquier otra parte del cuerpo.

A continuación, masajear la cara y las orejas con suavidad (no olvidar poner una pequeña cantidad de aceite en las manos cuando se pasa de una parte del cuerpo a otra). Luego, seguir con el cuello y estimular sus caras anterior y posterior.

Nota: se recomienda cubrir todo el cuerpo con una fina capa de aceite antes de efectuar cualquier tipo de masaje. Esto dará al preparado mayor tiempo para penetrar en la piel.

Los brazos deben masajearse intensamente realizando dos tipos de movimientos: circulares (en hombros y codos) y de arriba a abajo (en los antebrazos).

En el torso y el vientre, aplicar movimientos circulares (muy suaves) sobre el corazón y el abdomen. Se puede empezar por la parte inferior derecha del abdomen y mover la mano en el sentido horario (de izquierda a derecha) para estimular los intestinos.

El masaje con aceite es ideal para eliminar las toxinas que se depositan en la piel debido a la transpiración.

El masaje con aceite de sésamo reactiva las zonas nerviosas de la piel adormecidas por la tensión muscular.

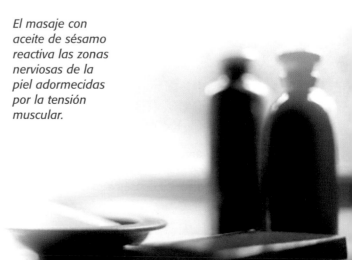